파이썬

FastAPI

개발

입문

나카무라 쇼 지음　박광수 옮김

FastAPI

Python

SE SHOEISHA　AK IT

문의 사항 가이드라인

이 책을 구입해 주셔서 감사드립니다. 책 내용에 대한 독자 여러분의 문의에 적절히 대응하기 위해 다음의 가이드라인을 참고 부탁드립니다.

▶ **질문 방법**
㈜AK커뮤니케이션즈 홈페이지에서 고객센터의 1:1 문의를 이용해주십시오.
http://www.amusementkorea.co.kr/

▶ **답변에 대해서**
질문의 내용에 따라서는 답변에 며칠 혹은 그 이상의 기간이 소요되는 경우가 있습니다.

▶ **질문할 때의 주의**
이 책의 대상을 넘는 것, 기술 부분이 특정되지 않은 것, 또는 독자 고유의 환경에 기인하는 질문 등에는 답변을 드릴 수 없으므로 미리 양해 바랍니다.

▶ 이 책에 기재된 URL 등은 예고 없이 변경될 수 있습니다.

▶ 이 책의 내용에 대해서는 정확하게 기술하려고 노력했으나, 저자, 역자 및 ㈜AK커뮤니케이션즈는 내용에 대해서 어떠한 보증을 하지 않으며, 내용이나 예제에 따른 어떠한 운용 결과에 관해서도 일체의 책임을 지지 않습니다.

▶ 이 책에 게재되어 있는 예제 프로그램, 스크립트 및 실행 결과를 기록한 화면 이미지 등은 특정 설정을 기반으로 한 환경에서 재현되는 예입니다.

▶ 이 책에 기재되어 있는 회사명, 제품명은 모두 각 회사의 상표 및 등록 상표입니다.

▶ 이 책의 내용은 2023년 5월 집필 시점과 번역 시점의 것입니다.

이 책의 샘플은 표 1~3과 같은 환경에서 동작을 확인했습니다. 참고로 파이썬은 버전 3.11을 사용하며, FastAPI 등 각 파이썬 라이브러리의 버전에 대해서는 본문에서 소개합니다.

파이썬을 포함한 각 라이브러리는 Poetry로 설치하는데, 모두 Docker 컨테이너 안에서 이루어지므로 사전 설치가 필요하지 않습니다. 마찬가지로 독자의 OS에 설치된 파이썬 버전이 달라도 문제없습니다.

표1: 맥OS

환경	버전
맥OS	Ventura 13.2
Rancher Desktop	1.4.1
Docker Compose	v2.5.1
파이썬	3.11

표 2: 윈도우

환경	버전
윈도우	11 Pro
Rancher Desktop	1.4.1
Docker Compose	v2.5.1
파이썬	3.11

표 3: 리눅스

환경	버전
리눅스	Ubuntu Desktop 22.04 LTS
Rancher Desktop	1.7.0
Docker Compose	v2.14.0
파이썬	3.11

부속 데이터 안내

부록 데이터(이 책 본문에 나오는 예제 코드 파일)는 다음 사이트의 자료실에서 다운로드할 수 있습니다.

- 참고: 부속 데이터 다운로드 사이트

    URL https://cafe.naver.com/akpublishing

    URL https://www.shoeisha.co.jp/book/download/9784798177229 (원서 출판사)

이 책의 목적

이 책은 파이썬에서 최근 인기를 끌고 있는 고속 웹 프레임워크인 FastAPI로 간단한 Web API를 만드는 것을 목적으로 합니다.

이 책의 대상 독자

파이썬을 접해본 적이 있는 분을 대상으로 합니다. 리스트(list)나 딕셔너리(dictionary)와 같은 데이터 구조, if 문이나 for 반복문 작성과 같은 파이썬의 기본적인 문법은 다루지 않습니다.

Web API에 대해, 기본적인 RDBMS^{Relational Database Management System}(이 책에서는 MySQL과 SQLite), HTTP^{Hypertext Transfer Protocol}에 대한 지식도 이 책에서는 다루지 않습니다.

파이썬의 다른 프레임워크(예: Flask나 Django) 또는 Rails와 같은 타 언어의 프레임워크에서 어느 정도 개발 경험이 있다면 쉽게 이해할 수 있겠지만, 실무 사례를 주제로 단계별로 작성해 나가기 때문에 다른 프레임워크의 개발 경험이 없는 분도 쉽게 읽을 수 있습니다.

이 책의 구성

이 책에서는 프로덕션 환경을 가정해 실무적인 앱을 작성합니다. 단순히 실행만 하고 끝내는 것이 아니라, 이 책에서 배운 노하우를 활용하여 긴 호흡으로 실무에서도 활용할 수 있는 앱을 만들었습니다.

이 책은 크게 3부로 구성되어 있습니다 Part 1은 FastAPI와 Docker를 설명하고 개발 환경을 준비한 뒤, Part 2에서는 실제 데모 앱으로 ToDo 앱을 구현하고, Part 3에서는 프로덕션 환경을 가정한 클라우드 플랫폼인 AWS^{Amazon Web Services} 및 GCP^{Google Cloud Platform}에 앱을 배포합니다. 전편에 걸쳐 실무에 적용할 수 있는 애플리케이션을 만들 수 있도록 구성되어 있습니다. 이 책을 통해 직접 실습하면서 FastAPI를 익혀보세요.

- Part 1: 개발 환경과 FastAPI 준비(1~6장)
- Part 2: FastAPI 애플리케이션 구현(7~14장)
- Part 3: 클라우드 플랫폼에 배포(15~17장)

'메모'에서는 보충 설명을 합니다. 책의 본론에서 벗어난 자세한 설명은 여기서 다루고 있으므로, 내용이 어렵게 느껴지거나 급한 분은 건너뛰어도 무방합니다.

'더 알아보기'에서는 본편에서 벗어난 정보, 예를 들어 제품 사양의 역사적 배경이나 언어별 비교 등을 다룹니다. 이 부분도 마찬가지로 건너뛰어도 본문을 이해하는 데 영향을 미치지 않습니다.

FastAPI에 대한 생각

이 책을 쓰게 된 배경을 말씀드리고자 합니다. 저는 주식회사 susten 캐피탈 매니지먼트라는 핀테크^{FinTech} 스타트업을 공동 창업하여 엔지니어로 일하고 있습니다. 회사에서 서비스 개발을 진행할 때, 가장 먼저 기술 선정을 하게 되었습니다. 우선 회사에서 머신러닝$^{machine\ learning}$ 등의 기술을 다룰 기회가 있고, 창업 멤버 모두가 대학원 실험실 시절부터 파이썬에 익숙했던 배경이 있어, 백엔드 개발 프레임워크를 파이썬으로 결정했습니다. 다음으로 인터넷을 통해 자산운용 서비스를 제공하기로 했기 때문에 같은 공동 창업자이자 엔지니어인 마시코와 "웹 프레임워크는 무엇으로 할까?"라는 이야기를 나눴습니다. 둘 다 예전부터 Flask 개발 경험은 있었지만, "최근 FastAPI라는 것이 있는데 성능이 상당히 빠르다더라"는 이야기를 들은 계기로 FastAPI를 선정하게 되었습니다. 그리고 기존에 Swagger UI를 사용하였는데, FastAPI에서는 정의 파일을 작성하지 않아도 API 구현만 하면 Swagger UI가 자동 생성되는 것을 보고 충격을 받았습니다. '이건 쓸만하겠다'는 확신이 들었던 2020년 봄의 기억이 납니다. 이후 2023년 현재까지 FastAPI를 프로덕션 환경에 이용하고 있습니다. 이러한 과정을 통해, 프로덕션 환경에서 바로 사용할 수 있는 실무적인 노하우를 이 책에 담았습니다.

집필 계기

자신이 사용하는 기술이 사장되는 것은 개발자로서 피하고 싶은 일입니다. 오래도록 버려지지 않고 유지보수되어 기술 부채$^{technical\ debt}$가 되지 않는 제품을 만들어야 나중에 돌아봤을 때 좋은 기술 선정이었다고 말할 수 있지 않을까 합니다. 여기서 기술 부채란 빠르게 개발하기 위해 쉬운 방법을 택함으로써 발생하는 추가적인 재작업 비용을 의미합니다. 이는 더 나은 접근 방식 대신 제한된 솔루션을 선택하여 현재의 효율을 높이지만, 나중에 코드를 개선하거나 복잡성을 줄이는 데 더 많은 시간과 비용이 소요될 수 있습니다.

지금까지 저는 세상에 있는 기술을 업무에 활용하자는 것이 기본적인 입장이었습니다. 하지만 스타트업을 운영하면서 '기술을 널리 퍼뜨리는 것'이 그 기술이 오래도록 쓰이게 되고, 돌고 돌아 제 업무에도 영향을 끼친다고 생각하게 되었습니다. 그래서 '업무에서도 유용하게 쓰는 FastAPI를 많은 사람에게 알리고 싶다'는 생각으로 'FastAPI 입문'을 집필하게 되었습니다.

지금 손에 들고 계신 이 책은 위와 같은 과정을 거쳐 클래스메서드^{classmethod}가 운영하는 Zenn(https://zenn.dev/)에서 쓴 『FastAPI 입문』을 기반으로 하고 있습니다. Zenn은 일반 기사도 쓸 수 있지만, 기사를 작성하는 느낌으로 마크다운^{markdown}으로 책을 쓰는 사용자 경험이 뛰어났습니다. 책을 쓰는 것은 고독한 작업이었지만 조금씩 써가며 도중의 결과물을 확인하는 방식으로, 책이 만들어지는 과정을 실감할 수 있었던 것이 중간에 포기하지 않고 끝까지 집필할 수 있었던 원동력이었습니다.

Zenn에서 책을 낸 후, FastAPI의 인기가 날로 높아지면서 『FastAPI 입문』을 읽는 분도 많아졌습니다. 많은 분들이 Zenn 책을 읽어 주신 덕분에 이 책의 편집자인 미야코시 다카유키 씨의 눈에 띄어 이렇게 출간하게 되었습니다.

- 참고: FastAPI 입문
  URL https://zenn.dev/sh0nk/books/537bb028709ab9

감사의 말씀

먼저 Zenn에서 『FastAPI 입문』을 읽고 응원해 주신 분들, 그리고 지금 인연이 닿아 이 책을 손에 쥐어 주신 분들께 감사의 말씀을 드립니다. 또한, 쇼에이샤의 미야코시 다카유키 씨에게는 이 책 출판까지 독자들이 조금이라도 더 쉽게 이해할 수 있도록 세세한 부탁을 많이 드렸는데, 하나하나 정중하게 응대해 주셔서 감사합니다. 검증에 협력해 주신 무라카미 슌이치 씨에게는 세세한 부분의 디버깅까지 도와주셨습니다. 또한, 주식회사 susten 캐피탈 매니지먼트의 동료인 마시코 료스케 씨, 안도 료 씨, 도조토 나오히로 씨는 일상의 업무가 바쁨에도 불구하고 본 서적의 검토에 성심성의껏 임해 주셨습니다. 업무와 집필로 바쁘게 지내는 저를 뒤에서 응원해준 가족에게도 매우 감사하고 있습니다. 여러분께 이 자리를 빌려 감사의 말씀을 드립니다.

2023년 6월 길일
나카무라 쇼

Part 3   클라우드 플랫폼에 배포하기

Chapter 1

FastAPI 개요

이 장에서는 FastAPI의 개요와 특징에 대해 설명합니다.

01

FastAPI에 대하여

FastAPI에 대해 설명합니다.

파이썬 세계에서는 루비Ruby의 Ruby on Rails와 같은 대규모 웹 프레임워크인 Django를 비롯해 Flask, Bottle과 같은 마이크로프레임워크Microframework가 오래전부터 인기를 끌고 있으며, 요즘 기대주로 떠오르고 있는 것이 FastAPI입니다. 마이크로프레임워크란 핵심적인 기능만을 가지고 있는 작고 강력한 웹 애플리케이션 프레임워크이며, 풀 스택 프레임워크와 대조되는 개념입니다. 화면을 그리는 것보다는 Web API를 제공하는 데 더 집중한 프레임워크입니다. SPASingle Page Application 등에서 호출하거나, Web API나 Batch에서 호출하여 처리하는 것이 특기입니다.

이 책에서는 Docker를 이용해 FastAPI 앱을 작성합니다. Docker를 이용하면 3장에서 소개하는 것처럼 독립적인 환경에서 FastAPI를 동작시킬 수 있고, 그 환경을 그대로 프로덕션 환경인 클라우드 플랫폼에 배포할 수 있습니다.

FastAPI의 특징에 대해 알아보겠습니다.

- 요청(request) 및 응답(response) 스키마 정의에 따라 Swagger UI 문서를 자동으로 생성
- 위 스키마를 명시적으로 정의함으로써 타입 안전(type safety) 개발이 가능
- ASGI(Asynchronous Server Gateway Interface)를 지원하므로 비동기 처리가 가능해 속도가 빠름

ASGI

ASGI는 파이썬에서 비동기 웹 애플리케이션을 위한 표준 인터페이스입니다. 이는 비동기적인 웹 서버와 애플리케이션을 연결하여 빠르고 실시간으로 작동하는 서비스를 구현할 수 있도록 도와줍니다. ASGI는 이벤트 기반 처리를 지원하여 WebSocket과 같은 기술을 사용할 수 있게 해 주며, Django와 FastAPI와 같은 프레임워크에서 비동기 처리를 가능하게 합니다.

FastAPI는 다양한 사례에서 활약합니다. 최근에는 머신러닝의 부상으로 파이썬을 이용한 머신러닝 서비스 제공을 위해 FastAPI를 선택하는 사람들도 있을 것입니다. 머신러닝의 처리 중에 API로 구축되는 경우가 많은 추론inference 단계에서 비교적 시간과 부하가 많이 걸리는 처리가 많이 발생하는데, 이러한 경우 비동기 처리를 통한 빠른 속도를 활용할 수 있습니다.

스타트업이나 신규 웹 서비스 배포 등에서, SPA와 연동해 백엔드back-end로 동작하는 Web API를 만들 때 더욱 강력한 힘을 발휘할 것으로 생각합니다.

앞서 언급했듯이, FastAPI 개발에는 요청과 응답의 스키마를 정의하게 됩니다. 이를 통해 프론트엔드front-end 엔지니어가 구현할 때 사용할 문서를 간단히 자동 생성할 수 있고, 실제로 요청 파라미터를 변경해 API 호출을 시험해 볼 수도 있습니다.

스키마를 먼저 정의하고 프론트엔드와 백엔드 간의 인터페이스를 정해, 각각의 개발을 동시에 시작하는 방식을 스키마 기반 개발Schema-Driven Development, SDD이라고 합니다. 스키마 기반 개발이란 개발 전에 미리 공통적인 스키마라는 데이터 구조를 정의하는 개발 방법론입니다. 이는 데이터의 형식, 필수/선택적인 요소, 제약 조건 등을 명확히 정의하여 데이터의 일관성과 유효성을 보장합니다.

FastAPI를 사용하면 노하우나 사전 지식이 없어도 스키마 기반 개발을 자연스럽게 시작할 수 있습니다. 스키마 기반 개발을 이용하면 프론트엔드와 백엔드를 통합할 때, 설계 오류 등으로 발생하는 리스크를 줄일 수 있고 개발 속도를 높일 수 있습니다.

웹 서비스의 백엔드 개발을 할 때, FastAPI는 개발 속도 향상에 기여하며 이후의 개발 단계에서도 강력한 힘을 발휘합니다. 경험이 많은 사람이라면 알겠지만, 웹 서비스는 많은 사용자가 사용하게 되면 확장성Scalability 문제에 직면하게 되는 경우가 종종 있습니다.

FastAPI는 타입 안전을 지원할 뿐만 아니라 속도가 빠릅니다.

웹 개발의 세계에서는 개발 속도와 제품 수명의 상충 관계trade-off가 종종 문제가 되는데, FastAPI는 Go와 같은 정적 타입Static Typed 언어와 비교해도 뒤지지 않는 성능을 지니고 있어, 서비스가 확대되는 시기에도 충분히 부하를 견딜 수 있는 API를 만들 수 있습니다.

이 책에서는 ToDo 앱을 예로 들어 FastAPI의 매력을 소개합니다. 개발에서 경험은 중요한 요소입니다. 코드를 따라 입력해도 좋고 복사해 붙여 넣어도 좋으니 꼭 코드를 직접 만져 보세요. 많은 분들이 FastAPI를 통해 웹 API 개발을 익힐 수 있기를 바랍니다.

02

Flask와 비교

파이썬 경량 웹 프레임워크인 Flask와 비교해 봅시다.

Flask(https://flask.palletsprojects.com/)는 2010년부터 개발되고 있는 파이썬 경량 웹 프레임워크(마이크로프레임워크)입니다.

공식 문서(https://fastapi.tiangolo.com/ko/alternatives/#flask)에서 설명하듯이, FastAPI도 Flask의 영향을 적지 않게 받았습니다.

Flask는 간단하게 API를 만드는 데 매우 유용한 프레임워크입니다. 하지만 FastAPI는 후발주자이기 때문에 앞 절에서 설명한 바와 같이 Flask에는 없는 다음의 특징을 가지고 있습니다.

- 자동으로 Swagger UI 문서를 생성함
- 타입 안전
- 속도가 빠름

'속도가 빠름'에 대해서는 FastAPI vs Flask 벤치마크 결과가 있으니 참고하세요.

- 참고: TechEmpower Framework Benchmarks

  URL https://www.techempower.com/benchmarks/

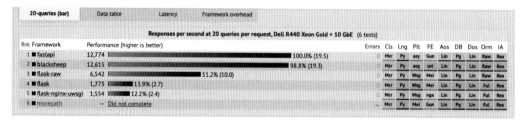

03

정리

1장에서는 다음을 설명했습니다.

- FastAPI에 대하여
- Flask와 비교

MEMO

Chapter 2

FastAPI에서
중요한 파이썬 문법 복습하기

FastAPI를 접하기에 앞서 FastAPI에서 자주 쓰이는 파이썬 문법을 복습하고 확인합시다.

01

클래스의 상속

클래스의 상속을 설명합니다.

자바나 C++ 등 다른 객체지향 언어에 익숙하다면 크게 놀랄 일은 아니지만, 파이썬에서도 클래스를 정의할 수 있으며, 상속의 메커니즘도 갖추고 있습니다.

상속은 is-a 관계를 표현합니다. is-a 관계는 한 클래스가 다른 클래스의 서브클래스이거나 하위 타입임을 나타냅니다. 흔히 볼 수 있는 예시로, Animal 클래스를 상속받은 Dog 클래스를 정의해 봅시다. 이때 Dog는 Animal의 서브클래스(하위 클래스), Animal은 Dog의 슈퍼클래스(상위 클래스)로 불리며, 'A dog is "a(n)" animal'의 관계가 성립합니다.

클래스 변수와 인스턴스 변수

먼저 클래스 변수와 인스턴스 변수에 대해 정리합니다.

- 클래스 변수: 클래스의 모든 인스턴스에서 공유하는 공통 변수입니다. 클래스 변수는 클래스의 모든 인스턴스가 동일한 값을 공유하며, 객체의 개수와는 관계없이 클래스에 속해 하나의 사본만 존재합니다.
- 인스턴스 변수: 클래스의 인스턴스마다 유지되는 변수입니다. 이 변수는 각각의 인스턴스마다 별도의 값이 존재하며, 클래스의 각각의 객체가 독립된 인스턴스를 가지고 있습니다. 인스턴스 변수는 해당 클래스의 각 객체마다 서로 다른 값을 가질 수 있습니다.

파이썬

```
class Animal:
    height = 30
```

여기에 키(height)가 정의된 Animal 클래스가 있습니다. height는 클래스 변수라는 점에 주목합시다. 파이썬의 클래스 변수 사용법에는 조금 주의해야 할 점이 있습니다. 다음과 같이 코드를 추가해 보겠습니다.

```python
animal1 = Animal()
animal2 = Animal()
print(animal1.height)  # -> 30
print(animal2.height)  # -> 30


animal1.height = 10
print(animal1.height)  # -> 10
print(animal2.height)  # -> 무엇을 반환할까요?
```

일반적으로 생각하면 클래스 변수는 동일한 클래스의 객체 간에 공통으로 사용되므로, animal2.height가 10을 반환할 것 같지만, 실제로는 30을 반환합니다.

animal1.height = 10이라는 문장은 Animal의 클래스 변수에 10을 설정하는 것이 아니라, 실제로는 animal1에 새로 인스턴스 변수 height를 추가하여 설정하고 있습니다. 그 반면에 animal2는 height를 인스턴스 변수로 가지고 있지 않기 때문에 Animal 클래스의 클래스 변수 height가 그대로 표시되어 30이 반환된 것입니다.

각 인스턴스의 속성^{attribute}을 __dict__를 사용하여 표시해 보면 확인할 수 있습니다. __dict__는 클래스 변수를 표시하지 않기 때문에, 다음과 같습니다.

파이썬

```python
print(animal1.__dict__)  # -> {'height': 10}
print(animal2.__dict__)  # -> {}
```

파이썬에서는 인스턴스 변수가 정의되어 있는 경우 클래스 변수가 숨겨지므로, 위와 같은 동작은 혼란을 야기할 수 있습니다.

클래스 변수와 인스턴스 변수는 명확하게 구분하여 정의하는 것이 바람직합니다. 클래스 변수에 접근할 때는 animal2.height가 아니라 명시적으로 Animal.height와 같이 클래스를 지정하는 것이 좋습니다. 반대로, 인스턴스 변수에 접근하는 경우 animal1.height = 10과 같이 정의되지 않은 변수를 인스턴스에 추가하는 것은 피하고, 다음과 같이 생성자에서 미리 초기화하는 습관을 들이는 것이 좋습니다

```python
class Animal:
    def __init__(self):
        self.height = 30
```

클래스 상속

앞서 정의한 클래스를 다시 살펴보겠습니다.

파이썬

```
class Animal:
    height = 30
```

Animal 클래스에 대해, 다음과 같이 2가지 클래스를 정의합니다(그림 2.1).

파이썬

```
class Dog(Animal):
    height = 20


class Cat(Animal):
    height = 10
```

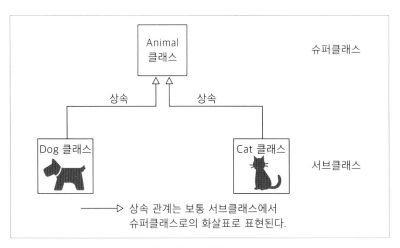

그림 2.1 Animal 클래스와 Dog 클래스의 상속 관계

파이썬에서는 변수의 오버라이드Override도 가능합니다. 오버라이드(덮어쓰기)란 상위 클래스에서 정의된 변수와 메서드의 내용을 하위 클래스에서 재정의하는 것을 말합니다.

다음 코드에서는 Animal과 Dog라는 두 클래스를 정의하고 있습니다. Dog 클래스는 Animal 클래스를 상속받아 Animal 클래스의 height 변수를 오버라이드해서 20으로 설정하고 get.height() 메서드를 재정의했습니다.

파이썬

```python
class Animal:
    height = 30

    def get_height(self):
        print(f"Animal {self.height}")

class Dog(Animal):
    height = 20

    def get_height(self):
        print(f"Dog {self.height}")
```

따라서 다음과 같이 Dog 클래스의 인스턴스를 형성하면 재정의한 값이 출력됩니다.

파이썬

```python
dog = Dog()
print(dog.get_height()) # Dog 20
```

부모 클래스의 변수에 접근하고 싶다면 다음과 같이 super()를 지정해서 호출합니다.

파이썬

```python
class Dog(Animal):
    height = 20

    def get_height(self):
        print(f"Parent {super().height}")
```

파이썬

```python
dog = Dog()
print(dog.get_height())  # Parent 30
```

FastAPI에서는 스키마를 정의할 때 자체 클래스를 생성합니다(9, 10장 참고). 클래스가 가지는 변수 처리에 주의해야 합니다.

02

데코레이터

FastAPI에서 자주 등장하는 데코레이터에 대해 설명합니다.

FastAPI를 사용하다 보면 데코레이터decorator라는 구문이 등장합니다. 데코레이터는 함수나 메서드의 기능을 간단하게 수정하거나 확장할 수 있게 해 주는 고급 기능입니다.

파이썬
```python
@wrapper
def example():
    ...
```

이처럼 함수나 클래스, 메서드 앞에 @로 시작하는 문장을 데코레이터라고 합니다. 경우에 따라서는 다음과 같이 인수를 취하는 경우도 있습니다.

파이썬
```python
@wrapper(arg1, arg2)
def example():
    ...
```

파이썬에서 일반적으로 많이 사용되는 데코레이터의 예로, 클래스 내 메서드를 정적 메서드로 바꾸는 @staticmethod와 클래스 메서드로 바꾸는 @classmethod가 있습니다.

그렇다면 데코레이터는 무엇일까요? 사실 데코레이터는 그 자체가 일종의 함수나 클래스입니다. 즉, 위의 예시라면, 다음과 같은 코드가 어딘가에 정의되어 있어야 합니다.

파이썬
```python
def wrapper():
    ...
```

그 증거로서 위 코드 없이 임의의 함수에 @wrapper를 붙여서 실행하면 다음과 같은 오류가 발생합니다.

```
NameError: name 'wrapper' is not defined
```

파이썬
```python
def wrapper(func):
    def _inner(*args, **kwargs):
        # 어떠한 전처리
        func(*args, **kwargs)
        # 어떠한 후처리
        return
    return _inner
```

데코레이터로 지정할 함수를 위와 같이 정의해 두면, 임의의 함수(이 경우 wrapper(func)의 func에 example 함수가 전달됩니다)에 대해 어떤 전처리나 후처리를 할 수 있게 됩니다.

FastAPI로 대표되는 프레임워크에서는 수많은 데코레이터를 미리 정의하고 있으므로, 프레임워크 사용자(웹 앱 개발자)는 데코레이터를 추가하는 것만으로 다양한 기능을 함수에 부여할 수 있게 됩니다. 이 책에서는 8장의 라우터에서 데코레이터가 등장합니다. 기억해 두도록 합시다.

문법적 설탕

사실 데코레이터는 @로 시작하는 특수한 구문이지만, 그 본래의 바탕은 함수의 문법적 설탕 syntactic sugar에 불과합니다. example 함수와 wrapper 함수의 경우에, 데코레이터를 붙인 example 함수를 호출하는 것은, 다음과 같이 wrapper를 통해 example을 호출하는 것과 같은 의미입니다.

파이썬
```python
wrapper(example)()
```

더 알아보기

자바의 애너테이션과의 차이점

자바에 익숙한 사람이라면 자바에는 파이썬의 데코레이터와 비슷한, @로 시작하는 애너테이션 (annotation) 구문이 있다는 것을 알고 있을 것입니다.

'언어마다 명칭이 다른가' 정도로 생각할지도 모르지만, 자바의 애너테이션은 동작이 조금 다릅니다. 자바의 애너테이션은 말 그대로 '주석(annotation)'을 붙이는 것에 불과합니다. 파이썬과 같은 함수의 실체를 갖고 있지 않기 때문에 애너테이션 대상의 메서드 등을 호출하는 것만으로는 이용할 수 없습니다. 따라서 자바 프레임워크 등에서 애너테이션에 기능을 부여하려면 애너테이션을 추가한 메서드에 대해 리플렉션(reflection)을 통해 접근해야 합니다. 리플렉션은 실행 중인 프로그램에서 클래스의 정보를 동적으로 검사하고, 클래스의 메서드, 필드, 생성자 등에 대한 정보를 얻거나 조작할 수 있는 기능을 말합니다. 이는 컴파일 시간이 아닌 실행 시간에 클래스의 정보를 분석하고 조작할 수 있도록 해 주는 자바의 API입니다.

예를 들어, 아래와 같이 애너테이션이 붙은 메서드가 있다고 가정해 봅시다.

자바

```
public class Example {
    @MyAnnotation
    public void target() {
        ...
    }
}
```

이 경우 리플렉션을 이용해, 다음과 같이 애너테이션에 접근합니다.

자바

```
Method m = Example.class.getMethod("target");
Annotation a = m.getAnnotation(Annotation.class);
```

또한 @interface로 위의 MyAnnotation 클래스도 정의해두어야 합니다. 참고로 더 복잡하게도, 파이썬 세계에서 애너테이션(주석)은 또 다른 의미를 가지고 있다는 점입니다. 파이썬에서 애너테이션은 변수나 함수에 대한 타입 힌트(type hint)의 일반적인 형태입니다.

타입 힌트는 파이썬 코드에서 변수와 함수 매개변수, 반환 값 등의 타입 정보를 명시하는 기능으로, 주석이 아닌 타입 애너테이션을 사용하여 코드의 가독성을 높이고 협업을 용이하게 합니다. 이를 통해 코드의 타입을 명확히 표현함으로써 버그를 사전에 예방하거나 코드를 이해하기 쉽게 만들어줍니다.

즉, 타입 힌트도 애너테이션 중 하나라고 할 수 있습니다. 타입 힌트에 대해서는 9장에서 자세히 설명하겠습니다. 타입 힌트는 동적 타입 검사 등에는 사용되지 않으며, 단순한 주석입니다. 변수나 함수의 인수나 반환 값에 부여하는 주석은 반드시 타입일 필요는 없으며, 아래와 같이 임의의 값을 부여할 수 있습니다.

파이썬

```python
def function(arg: "arg_annotation") -> "ret_annotation":
    ...
```

03

정리

2장에서는 다음을 설명했습니다.

- 클래스 상속
- 데코레이터

Chapter 3

Docker 환경 설치

이 장에서는 개발 환경으로 Docker를 사용하는 이유와 Docker 설치에 대해 설명합니다.

Docker 개발에 익숙하다면 이 장을 건너뛰고 다음 장인 Docker 이미지 생성으로 넘어가세요.

docker compose를 사용하는 이유

이 책에서는 Docker 중에서도 docker compose를 사용합니다. 그 이유를 설명합니다.

그림 3.1 Docker

이 책에서는 docker compose를 통해 파이썬과 FastAPI를 이용하기로 합니다.

Docker(그림 3.1)는 컨테이너container 서비스를 제공하는 애플리케이션입니다. 컨테이너란 애플리케이션 코드와 필요한 라이브러리, 종속 항목 등을 함께 패키징하여 어디서나 실행 가능하도록 만든 소프트웨어 실행 단위입니다. 실행에 필요한 모든 파일을 포함하며, 격리된 실행 환경에서 애플리케이션을 실행하는 기술로, 개발, 테스트, 프로덕션 등 다양한 환경에서 쉽게 이동할 수 있도록 해 줍니다.

docker compose는 Docker가 제공하는 제품 중 하나로, 여러 개의 컨테이너를 한꺼번에 다룰 수 있게 해 주는 도구이며, docker compose 명령을 실행하여 이용합니다. Docker 내에 설치하는 이유는 다음과 같은 두 가지 이유가 있습니다.

1. 환경의 차이를 없애기 위해
2. 환경을 제한하기 위해

각각을 자세히 살펴봅시다.

환경 차이를 없애기 위해

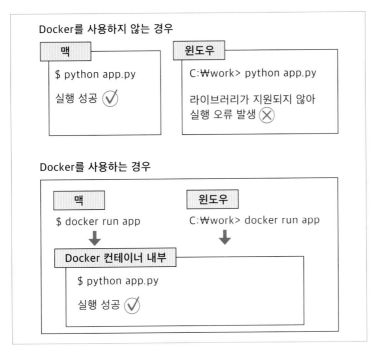

그림 3.2 Docker가 환경 차이를 흡수하는 모습

독자 중에는 맥을 사용하는 분도 있고, 윈도우나 리눅스를 사용하는 분도 있을 겁니다. 환경에 따라 파이썬의 버전이 다르거나, 파이썬의 패키지 라이브러리가 운영체제(OS)에 의존하는 경우가 있습니다.

파이썬은 같은 운영체제 내에 여러 버전을 설치하고, 이를 바꿔가며 사용할 수 있습니다. 버전을 전환하는 방법은 환경에 따라 여러 가지가 있습니다(예: pyenv, virtualenv(venv), Pipenv 등). 하지만 이 방법들은 표준이 정립된 상태라고 할 수 없으며, 이 책을 읽는 모든 분들에게 적합한 방법을 준비하기 어려운 것이 현실입니다.

Docker를 이용하면 파이썬이 실행되는 운영체제와 이번에 작성할 API보다 하위 레이어의 시스템을 고정할 수 있으므로, 환경에 따른 차이를 상당히 줄일 수 있습니다(그림 3.2). 이를 통해 이 책을 진행하면서 설치 시 발생하는 오류나 특정 명령어에 대한 오류를 줄일 수 있을 것으로 기대됩니다.

환경을 제한하기 위해

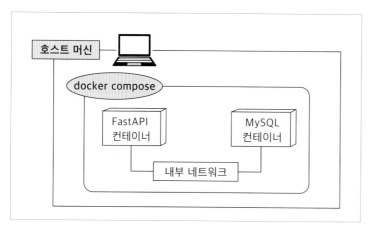

그림 3.3 Docker가 컨테이너 내부 환경을 제한하는 모습

'11장 데이터베이스 연결과 DB 모델'에서는 MySQL 설치를 진행합니다. MySQL과 같은 데이터베이스는 더 낮은 레이어의 API를 이용하여 구축되는 경우가 많아서, 파이썬 실행 환경보다도 운영체제나 하드웨어에 더 의존하는 경향이 있습니다. 여기서도 환경의 차이를 흡수하는 Docker가 힘을 발휘합니다. 또한 파이썬 실행 컨테이너와 MySQL 컨테이너를 분리함으로써 컨테이너 간의 의존 관계를 명확히 할 수 있습니다.

Docker를 사용하면 파이썬과 데이터베이스 환경을 컨테이너 안에 가둬 둘 수 있으므로 문제가 발생했을 때 간단히 컨테이너를 다시 만들거나 폐기할 수 있어서, 결과적으로 호스트 머신의 환경을 오염시키지 않습니다(그림 3.3).

가장 큰 목적은 docker compose를 사용하여, 이 책의 내용을 별 문제 없이 실행하는 것입니다. 하지만 여기서 그치지 않고, 동일한 방식으로 팀에서 API를 공유한다면 실제 팀 개발 현장에서도 강력한 도구로 활용할 수 있습니다.

02

Docker 설치

> Docker를 설치하는 방법을 소개합니다.

docker compose를 사용하기 위해 Docker를 설치합니다. 이미 설치되어 있다면, 파이썬 및 FastAPI 설치로 넘어가면 됩니다.

Docker Desktop 이용하기

docker compose를 맥이나 윈도우 등의 데스크톱에서 사용하려면 Docker Desktop을 설치하는 것이 가장 간단합니다.

단, 개인 개발자나 비교적 규모가 작은 기업에 근무하는 사람 외에는 2022년 2월부터 Docker Desktop의 이용이 유료로 바뀌었습니다(https://www.docker.com/blog/updating-product-subscriptions/).

Docker Desktop을 무상으로 계속 사용할 수 있는 조건은 다음과 같습니다.

· Docker Subscription Service Agreement(2023년 3월 말 기준)

　URL https://www.docker.com/legal/docker-subscription-service-agreement/

· 중소기업(직원 수 250명 미만, 연간 매출 1,000만 달러 미만)
· 개인 이용(제작물의 무료, 유료 상관 없음).
· 교육 목적(학술 연구 목적으로 수업을 진행하는 교육기관의 구성원)
· 비영리 오픈소스 프로젝트

대기업에서의 사용 등으로 앞의 조건에 해당하지 않는 경우에도, 무상으로 계속 사용하고 싶은 사람도 있을 것입니다. 이 경우 Docker Desktop을 포함하지 않는 CLI로서의 docker(Docker 클라이언트)와 dockerd(Docker 데몬)는 계속 무료로 사용할 수 있으므로, 이들이 동작하는 백엔드 환경만 준비하면 docker compose를 이용할 수 있습니다.

이 대안에 대해서도 아래에서 설명하고 있으므로, 상황에 맞는 방법을 선택하기 바랍니다.

Docker Desktop 설치

맥 사용자는 Docker for Mac(https://docs.docker.com/desktop/install/mac-install/), 윈도우 사용자는 Docker for Windows(https://docs.docker.com/desktop/install/windows-install/)를 설치합니다.

그러면 동시에 docker compose가 설치되며, 리눅스 사용자는 curl에서 다운로드한 바이너리 파일로 설치할 수 있습니다. 리눅스 사용자는 다음 링크를 통해 설치할 수 있습니다.

- 참고: Install Docker Desktop on Linux
  URL https://docs.docker.com/desktop/install/linux-install/

설치가 완료되어 그림 3.4와 같은 대시보드가 나타나면 Docker가 정상적으로 실행된 것입니다.

그림 3.4 Docker Desktop 대시보드

Rancher Desktop

Docker를 무료로 이용하고 싶다면, Docker Desktop의 대안으로 Rancher Desktop을 이용하는 방법이 있습니다.

Rancher Desktop 개요

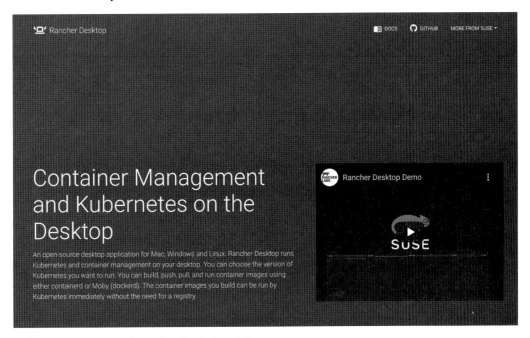

그림 3.5 Rancher Desktop(https://rancherdesktop.io/)

Rancher Desktop(그림 3.5)은 원래 컨테이너를 관리하는 Kubernetes를 로컬 머신에서 쉽게 사용할 수 있게 하는 GUI 애플리케이션입니다. Kubernetes는 컨테이너화된 애플리케이션을 효율적으로 관리하는 오픈 소스 플랫폼입니다. 이 플랫폼은 컨테이너의 자동 배포, 확장 등을 수행하여 여러 클러스터 간의 애플리케이션 운영을 효율적으로 지원합니다. 또한 도커를 비롯한 다양한 컨테이너 관련 도구들과 함께 사용해서 애플리케이션 관리를 간소화합니다.

Rancher Desktop은 내부적으로 맥의 경우 Lima, 윈도우의 경우 WSL2[Windows Subsystem for Linux v2]를 이용해 가상으로 리눅스 환경을 구현하여, 그 위에서 Docker 컨테이너를 실행할 수 있습니다. 여기서 WSL이란 리눅스를 윈도우의 하위 시스템으로 이용하는 기술입니다. 이를 통해 기존 가상 머신의 부담이나 듀얼 부팅 설정 없이도 GNU/리눅스 환경에 속하는 대다수의 명령줄 도구, 유틸리티, 애플리케이션을 윈도우에서 직접 실행할 수 있습니다.

Rancher Desktop은 아파치 라이선스Apache License의 오픈 소스 소프트웨어이므로 무료로 이용할 수 있습니다. 아파치 라이선스는 아파치 소프트웨어 재단에서 개발한 소프트웨어에 대한 라이선스 규정을 나타냅니다. 특히, 아파치 라이선스 2.0 기준으로, 해당 라이선스는 아파치 소프트웨어 재단에서 생성된 소프트웨어를 기반으로 하는 프로그램을 누구나 자유롭게 제작할 수 있도록 허용합니다. 더불어, 해당 소프트웨어의 파생물에 대한 권리를 보유한 개인이나 단체는 그 파생물을 자유롭게 사용, 수정, 배포할 수 있는 자유를 부여합니다.

그림 3.6과 같은 구성으로 docker 명령어가 동작됩니다(그림은 맥의 경우).

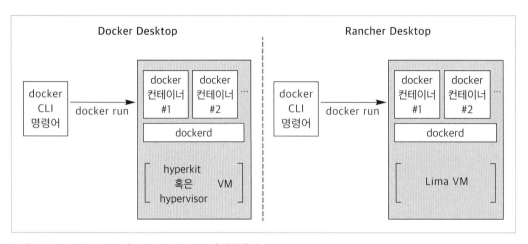

그림 3.6 Docker Desktop과 Rancher Desktop의 아키텍처

윈도우의 경우도 동일하며, Lima 대신 WSL2에서 dockerd가 동작합니다.

맥에서의 설치 방법

Rancher Desktop 공식 페이지(https://rancherdesktop.io/)에서 설치 패키지를 다운로드합니다. 애플 실리콘용(M1, M2 등의 맥)과 인텔용으로 나누어져 있으므로, 설치할 패키지를 잘못 선택하지 않도록 주의합니다. 다음 설치 방법은 애플 실리콘용 ver.1.4.1을 기준으로 작성되었기 때문에 새로운 버전에서는 화면 항목이 다소 달라질 수 있습니다.

설치한 뒤 실행하면 그림 3.7과 같은 초기 설정 화면이 나타납니다. Rosetta를 설치하라는 대화 상자가 나타나면 설치합니다. 이 책에서는 Kubernetes를 사용하지 않으므로 'Enable Kubernetes'의 체크는 해제해도 무방합니다. 또한 컨테이너 런타임으로 'containerd'와 'dockerd(moby)' 옵션이 있는데, 이 책에서는 docker 명령을 이용하므로 'dockerd(moby)'를 선택합니다.

마지막에 있는 경로 설정은 이미 docker 환경을 구축한 경우 기존 docker와 충돌하지 않게 하려면 'Manual'을 선택하지만, 신규 설치의 경우에는 'Automatic'으로 설정해도 됩니다. 설정이 끝나면(그림 3.7 ❶), 'Accept'를 클릭합니다(그림 3.7 ❷).

그림 3.7 실행 후 초기 설정 화면

다음으로 관리자 권한(sudo)이 요청됩니다. sudo는 유닉스 및 유닉스 계열 운영 체제에서 사용되는 명령어로, 다른 사용자의 보안 권한을 임시로 얻어, 일반적으로는 관리자 권한으로 프로그램을 실행할 수 있도록 합니다. 주로 터미널에서 사용되며, 사용자의 비밀번호나 루트 비밀번호를 요청하여 권한을 확인한 뒤 해당 명령을 실행합니다. 보안상의 이유로 한 번 입력한 비밀번호는 일정 시간 동안 유효하며, 그 후에는 다시 입력해야 합니다.

Docker CLI가 이용하는 Docker 환경을 식별하기 위해 참조하는 Docker 소켓(docker.sock)의 경로 변경 등을 위해 관리자 권한이 필요하므로 'OK'를 클릭하여 허용합니다(그림 3.8).

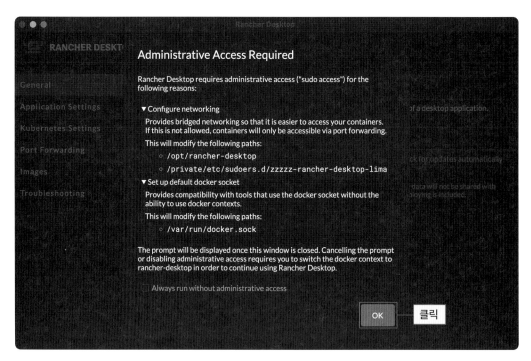

그림 3.8 관리자 권한 요청 화면

맥의 관리자 계정 정보를 입력해 'OK'를 클릭합니다(그림 3.9).

그림 3.9 관리자 권한 입력 화면

이것으로 Rancher Desktop 설치가 완료되었습니다.

Docker Desktop과 마찬가지로 간단한 대시보드가 표시됩니다(그림 3.10).

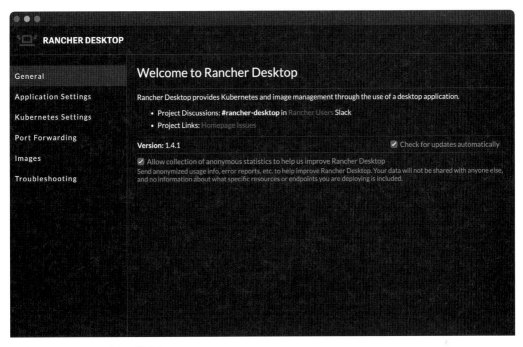

그림 3.10 Rancher Desktop 대시보드

윈도우에서의 설치 방법

Rancher Desktop 공식 페이지(https://rancherdesktop.io/)에서 설치 패키지를 다운로드합니다.

설치 도중에 WSL2를 활성화하기 위해 관리자 권한을 요청하면 허용합니다.

설치가 끝나면 재부팅이 필요하므로 시스템을 다시 시작합니다.

설치한 뒤 Rancher Desktop을 실행하면 그림 3.11과 같은 초기 설정 화면이 표시됩니다.

이 책에서는 Kubernetes를 사용하지 않으므로 'Enable Kubernetes'의 체크는 해제해도 무방합니다.

또한 컨테이너 런타임으로 'containerd'와 'dockerd(moby)' 옵션이 있는데, 이 책에서는 docker 명령을 사용하므로 'dockerd(moby)'를 선택합니다. 설정이 끝나면(그림 3.11 ❶), 'Accept'를 클릭합니다(그림 3.11 ❷).

그림 3.11 부팅 후 초기 설정 화면

리눅스(우분투)에서의 설치 방법

다음 설치 방법을 수행하려면 curl 명령어가 필요합니다. curl이 설치되어 있지 않은 경우 sudo apt install curl을 실행하여 설치합니다.

Rancher Desktop 공식 페이지(https://rancherdesktop.io/)에서 리눅스 설치 페이지로 이동하여 안내에 따라 아래 명령어로 설치를 진행합니다.

```shell
# GPG 키를 리포지토리와 연결하기
$ curl -s https://download.opensuse.org/repositories/isv:/Rancher:/stable/deb/
Release.key | gpg --dearmor | sudo dd status=none of=/usr/share/keyrings/isv-rancher-
stable-archive-keyring.gpg
$ echo 'deb [signed-by=/usr/share/keyrings/isv-rancher-stable-archive-keyring.gpg]
https://download.opensuse.org/repositories/isv:/Rancher:/stable/deb/ ./' | sudo dd
status=none of=/etc/apt/sources.list.d/isv-rancher-stable.list
# 패키지 리스트 업데이트 및 Rancher Desktop 설치
$ sudo apt update
$ sudo apt install rancher-desktop
```

그러면 환경에 따라 차이가 있겠지만 Rancher Desktop에서 의존하는 패키지가 표시되며, 문제가 없으면 Y를 입력하여 설치를 완료합니다.

```
Reading package lists... Done
Building dependency tree... Done
Reading state information... Done
The following additional packages will be installed:
cpu-checker git git-man ibverbs-providers ipxe-qemu
ipxe-qemu-256k-compat-efi-roms libaio1 libblkid-dev libc-dev-bin
libc-devtools libc6-dev libcacard0 libcrypt-dev libdaxctl1 libdecor-0-0
libdecor-0-plugin-1-cairo libdpkg-perl liberror-perl libfdt1 libffi-dev
libfile-fcntllock-perl libgdk-pixbuf-xlib-2.0-0 libgdk-pixbuf2.0-0 libgfapi0
libgfrpc0 libgfxdr0 libglib2.0-dev libglib2.0-dev-bin libglusterfs0
libibverbs1 libiscsi7 libmount-dev libndctl6 libnsl-dev libpcre16-3
libpcre2-dev libpcre2-posix3 libpcre3-dev libpcre32-3 libpcrecpp0v5 libpmem1
libpmemobj1 libqrencode4 librados2 librbd1 librdmacm1 libsdl2-2.0-0
libselinux1-dev libsepol-dev libslirp0 libspice-server1 libtirpc-dev
liburing2 libusbredirparser1 libvirglrenderer1 linux-libc-dev manpages-dev
msr-tools ovmf pass pkg-config python3-distutils qemu-block-extra
qemu-system-common qemu-system-data qemu-system-gui qemu-system-x86
qemu-utils qrencode rpcsvc-proto seabios tree uuid-dev xclip zlib1g-dev
Suggested packages:
git-daemon-run ¦ git-daemon-sysvinit git-doc git-email git-gui gitk gitweb
git-cvs git-mediawiki git-svn glibc-doc debian-keyring gcc ¦ c-compiler
binutils bzr libgirepository1.0-dev libglib2.0-doc libxml2-utils
gstreamer1.0-libav gstreamer1.0-plugins-ugly libxml-simple-perl python ruby
dpkg-dev samba vde2 debootstrap
The following NEW packages will be installed:
cpu-checker git git-man ibverbs-providers ipxe-qemu
ipxe-qemu-256k-compat-efi-roms libaio1 libblkid-dev libc-dev-bin
libc-devtools libc6-dev libcacard0 libcrypt-dev libdaxctl1 libdecor-0-0
libdecor-0-plugin-1-cairo libdpkg-perl liberror-perl libfdt1 libffi-dev
libfile-fcntllock-perl libgdk-pixbuf-xlib-2.0-0 libgdk-pixbuf2.0-0 libgfapi0
libgfrpc0 libgfxdr0 libglib2.0-dev libglib2.0-dev-bin libglusterfs0
libibverbs1 libiscsi7 libmount-dev libndctl6 libnsl-dev libpcre16-3
libpcre2-dev libpcre2-posix3 libpcre3-dev libpcre32-3 libpcrecpp0v5 libpmem1
libpmemobj1 libqrencode4 librados2 librbd1 librdmacm1 libsdl2-2.0-0
libselinux1-dev libsepol-dev libslirp0 libspice-server1 libtirpc-dev
liburing2 libusbredirparser1 libvirglrenderer1 linux-libc-dev manpages-dev
msr-tools ovmf pass pkg-config python3-distutils qemu-block-extra
```

```
qemu-system-common qemu-system-data qemu-system-gui qemu-system-x86
qemu-utils qrencode rancher-desktop rpcsvc-proto seabios tree uuid-dev xclip
zlib1g-dev
0 upgraded, 76 newly installed, 0 to remove and 4 not upgraded.
Need to get 436 MB of archives.
After this operation, 1,123 MB of additional disk space will be used.
Do you want to continue? [Y/n]
```

설치한 뒤 Rancher Desktop을 실행하면 그림 3.12와 같은 초기 설정 화면이 표시됩니다.

이 책에서는 Kubernetes를 사용하지 않으므로 'Enable Kubernetes'의 체크는 해제해도 무방합니다.

또한 컨테이너 런타임으로 'containerd'와 'dockerd(moby)' 옵션이 있는데, 이 책에서는 docker 명령을 이용하므로 'dockerd(moby)'를 선택합니다.

마지막에 있는 경로 설정은 이미 Docker 환경을 구축한 경우 기존 Docker와 충돌하지 않게 하려면 'Manual'을 선택하지만, 신규 설치의 경우에는 'Automatic'으로 설정해도 됩니다.

설정이 끝나면(그림 3.12 ❶), 'Accept'를 클릭합니다(그림 3.12 ❷).

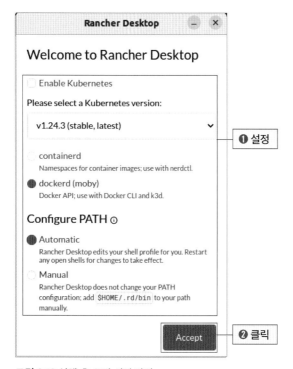

그림 3.12 실행 후 초기 설정 화면

다음으로 관리자 권한(sudo)이 요청됩니다(그림 3.13).

Docker CLI가 이용하는 Docker 환경을 식별하기 위해 참조하는 Docker 소켓(docker.sock)의 경로 변경 등을 위해 관리자 권한이 필요하므로 'OK'를 클릭하여 허용합니다.

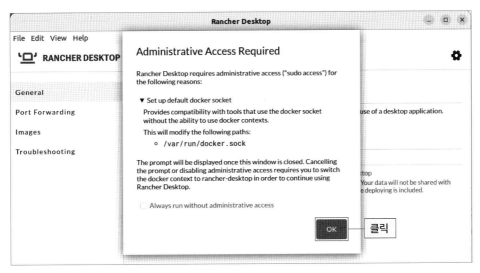

그림 3.13 관리자 권한 요청 화면

이것으로 Rancher Desktop 설치가 완료되었습니다.

Docker Desktop과 마찬가지로 간단한 대시보드가 표시됩니다(그림 3.14).

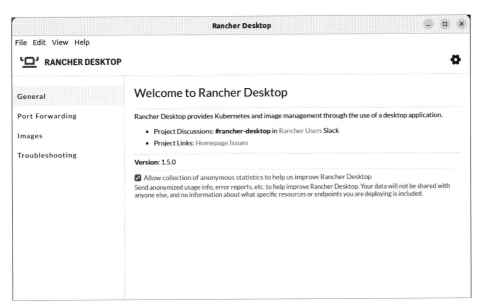

그림 3.14 Rancher Desktop 대시보드

03

Docker 동작 확인

설치가 완료되면 docker compose의 동작을 확인해 봅시다.

docker compose가 설치되어 있는지 확인합니다. 설치 시 터미널이 열려 있었다면 창을 새로 엽니다.

```
$ docker compose version
```

아래와 같이 버전 정보가 반환되면 정상적으로 설치된 것입니다(설치한 환경이나 타이밍에 따라 버전이 달라질 수 있습니다).

```
Docker Compose version v2.5.1
```

설치한 Docker Desktop의 버전이 오래된 경우에는 아래와 같이 docker compose 명령어를 찾을 수 없는 경우가 있습니다.

```
docker: 'compose' is not a docker command.
See 'docker --help'
```

이 경우 구 버전인 docker-compose v1이 설치되어 있을 가능성이 있으므로, docker compose 가 아니라 docker-compose 명령어가 있는지 확인합니다.

```
$ docker-compose version
```

설치되어 있으면 아래와 같이 표시됩니다.

```
docker-compose version 1.29.0, build 07737305
docker-py version: 5.0.0
CPython version: 3.9.0
OpenSSL version: OpenSSL 1.1.1h 22 Sep 2020
```

docker-compose v1이 설치되어 있는 경우 이 책의 내용을 docker compose에서 docker-compose로 바꿔서 진행하기 바랍니다.

docker compose와 docker-compose

과거 별도의 명령어였던 docker-compose(Compose V1)는 docker의 하위 명령어가 되어 docker compose(Compose V2)로 변경되었습니다.

버전 전환 기간의 docker 버전에서는 docker-compose를 계속 사용할 수 있었지만, 이 명령은 사실상 docker compose의 별칭에 불과합니다.

docker compose의 하위 명령어(docker compose up, docker compose build 등)는 Compose V1과 동일하게 동작할 것으로 예상하고 구현되었기 때문에, 기본적으로 버전 차이를 의식하지 않아도 되지만 Compose V2 이후의 기능 추가는 V1에 반영되지 않으므로 주의해야 합니다.

내부적으로 달라진 점으로, Compose V1은 파이썬으로 작성됐지만 Compose V2는 Go로 작성됐습니다. Compose V1은 파이썬 런타임 의존성이 발생하므로 환경별로 라이브러리 종속성 해결해야 하는 문제가 있었습니다. Go에서는 운영체제나 CPU 아키텍처별로 바이너리를 생성할 수 있으므로, 환경에 따른 의존성 문제가 해결되었습니다.

• 참고: Announcing Compose V2 General Availability
  URL https://www.docker.com/blog/announcing-compose-v2-general-availability/

04

윈도우의 경우 주의 사항

윈도우를 이용하는 경우, 추가적인 주의 사항을 살펴봅니다.

줄 바꿈 코드 관련

윈도우를 사용하는 분들은 텍스트 파일의 줄 바꿈 코드로 CRLF(\r\n)를 사용하는 것이 일반적입니다. 반면에 맥이나 리눅스에서는 LF(\n)이 일반적입니다.

이 책에서 사용하는 Docker image는 모두 리눅스 운영체제를 기반으로 하고 있으므로, 이 책에서 파일을 생성하기 전에 기본적으로 에디터의 줄 바꿈 코드를 LF로 미리 설정해 놓는 것을 권장합니다.

예를 들어, PyCharm에서는 다음과 같이 설정할 수 있습니다.

1. Settings에서 Code Style 페이지로 이동한다.
2. 'General' 탭을 클릭하고(그림 3.15 ❶), Line separator에서 'Unix and macOS(\n)'을 선택한다(그림 3.15 ❷).

마찬가지로 VSCode에서는 다음과 같이 설정합니다.

1. Ctrl + , 키로 'Settings(설정)'를 연다.
2. 'eol'로 검색하여(그림 3.16 ❶), 'Files: Eol'에서 '\n'(LF)을 선택한다(그림 3.16 ❷).

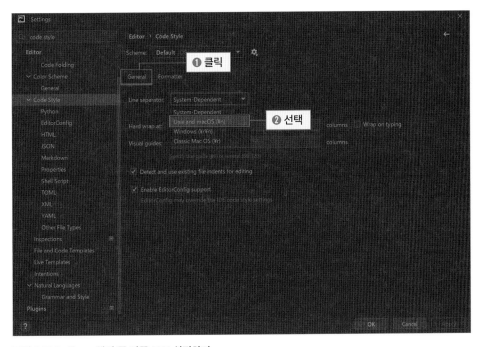

그림 3.15 PyCharm에서 줄 바꿈 코드 설정하기

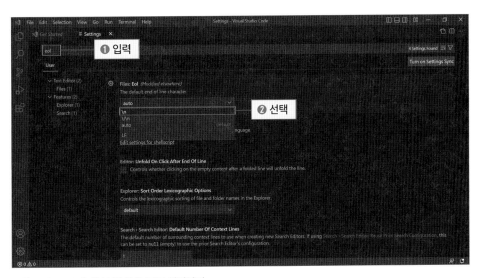

그림 3.16 VSCode에서 줄 바꿈 코드 설정하기

깃git의 설정에 따라 checkout이나 commit을 할 때 줄 바꿈 코드를 자동으로 윈도우용 CRLF로 변환하는 기능이 활성화되어 있는 경우가 있습니다.

힘들여서 에디터의 줄 바꿈 코드를 LF로 설정했는데, 다른 환경에서 작성된 파일을 열었을 때 CRLF 형식으로 열리면 불편하므로, 아래 명령어로 해당 기능을 비활성화하기를 추천합니다.

```
> git config --global core.autocrlf false
```

docker compose에서 사용하는 메모리에 대해

Docker Desktop과 Rancher Desktop 모두에 해당됩니다만, 윈도우의 Docker는 WSL2의 가상 머신에서 동작합니다(Docker Desktop에서는 WSL Integration이 활성화된 경우).

WSL2는 가상 머신의 메모리를 동적으로 할당하지만, 설정에 따라 호스트 머신보다 가상 머신에 지나치게 많은 메모리를 할당하는 경우가 있습니다. 그 결과, 가상 머신의 메모리 사용량에 따라 호스트 머신이 무거워질 수 있습니다.

WSL2 버전에 따라서도 다르겠지만, 필자가 사용 중인 8GB 머신에서 WSL2가 기본 설정으로 6GB 이상을 사용하게 되어 있어서, 팬이 계속 돌고 호스트 머신의 동작에 영향을 미치고 있었습니다.

이 문제는 가상 머신이 사용할 수 있는 메모리의 상한을 설정해 해결할 수 있습니다.

C:\Users\{사용자 이름}\.wslconfig라는 파일을 생성합니다. 파일 내용은 다음 예제 3.1과 같습니다.

예제 3.1: C:₩Users₩{사용자 이름}₩.wslconfig

```
[wsl2]
memory=2GB
```

메모리 용량은 호스트 머신의 여유 용량에 맞게 설정합니다. 이 책의 컨테이너 구성으로는 2GB 정도면 충분합니다.

더 많은 설정은 다음 문서를 참고하세요.

• 참고: .wslconfig에 대한 구성 설정
  URL https://learn.microsoft.com/ko-kr/windows/wsl/wsl-config#wslconfig

설정 파일을 저장한 뒤 운영체제를 재부팅하면 그림 3.17과 같이 WSL2에서 사용할 수 있는 메모리가 제한됨을 확인할 수 있습니다.

그림 3.17 WSL2의 메모리를 제한

다음 장에서는 docker compose를 사용하여 파이썬과 FastAPI를 설치하겠습니다.

05
정리

3장에서는 다음을 설명했습니다.

- docker compose를 사용하는 이유
- Docker 설치
- Docker 동작 확인
- 윈도우의 경우 주의 사항

Chapter 4

Docker 이미지 만들기

앞 장에서 설치한 docker compose로 파이썬 환경과 FastAPI 설치를 준비합니다.

01

docker compose 관련 파일 생성

docker compose 관련 파일을 생성해 봅시다.

먼저 적당한 위치에 프로젝트 디렉터리를 생성하고, 해당 디렉터리에 예제 4.1과 예제 4.2의 두 파일을 준비합니다.

예제 4.1: docker-compose.yaml

```yaml
version: '3'
services:
 demo-app:
  build: .
  volumes:
   - .dockervenv:/src/.venv
   - .:/src
  ports:
   - 8000:8000 # 호스트 머신의 8000번 포트를 docker의 8000번 포트에 연결.
  environment:
   - WATCHFILES_FORCE_POLLING=true # 환경에 따라 핫 리로드를 위해 필요함.
```

예제 4.2: Dockerfile

```Dockerfile
# 파이썬 3.11 이미지 다운로드
FROM python:3.11-buster
# 파이썬의 출력 표시를 Docker용으로 조정
ENV PYTHONUNBUFFERED=1


WORKDIR /src
```

```
# pip로 poetry 설치
RUN pip install "poetry==1.6.1"


# poetry의 정의 파일 복사(존재하는 경우)
COPY pyproject.toml* poetry.lock* ./


# poetry로 라이브러리 설치(pyproject.toml이 이미 존재하는 경우)
RUN poetry config virtualenvs.in-project true
RUN if [ -f pyproject.toml ]; then poetry install --no-root; fi


# uvicorn 서버 실행
ENTRYPOINT ["poetry", "run", "uvicorn", "api.main:app", "--host", "0.0.0.0",
"--reload"]
```

각 파일의 역할을 간략하게 소개합니다(표 4.1).

표 4.1: docker compose용 설정 파일

파일명	역할
docker-compose.yaml	docker compose 정의 파일. 그 안에서 Dockerfile을 호출하여 Docker 컨테이너를 빌드합니다.
Dockerfile	Docker 정의 파일. 사용할 공개 이미지(이번에는 파이썬 3.11이 설치된 운영체제 이미지)를 가져와, Poetry(5장에서 설명)를 통해 패키지 정의 파일인 pyproject.toml을 기반으로 각 파이썬 패키지를 설치합니다.

마지막으로 Docker 내 .venv 디렉터리에 대응하는 .dockervenv 디렉터리를 생성합니다.

```
$ mkdir .dockervenv
```

현재 디렉터리 구조는 그림 4.1과 같습니다. 참고로 .dockerenv는 .으로 시작하는 숨겨진 디렉터리이므로, 이후 디렉터리 구조를 소개할 때는 생략합니다.

그림 4.1 현재 프로젝트의 디렉터리 구조

02

이미지 빌드

이제 생성한 이미지를 빌드해 봅시다.

앞 절의 docker compose 관련 파일이 있는 디렉터리로 이동하여 다음 명령어로 Docker 이미지를 생성합니다.

```
$ docker compose build
```

환경에 따라 다르지만, 아래와 같이 출력되면 이미지 생성에 성공했다고 볼 수 있습니다.

```
Building demo-app
[+] Building 1.0s (11/11) FINISHED
 => [internal] load build definition from Dockerfile
 => => transferring dockerfile: 32B
 => [internal] load .dockerignore
 => => transferring context: 2B
 => [internal] load metadata for docker.io/library/python:3.11-buster
 => [internal] load build context
 => => transferring context: 2B
 => [1/6] FROM docker.io/library/python:3.11-buster@sha256:d3d6d5db8a74d0a8c8b6d94d59
246c0b20054db3c710b24eebf8e25992369c2e
 => [internal] load build context
 => => transferring context: 115B
 => CACHED [2/6] WORKDIR /src
 => CACHED [3/6] RUN pip install poetry
 => CACHED [4/6] COPY pyproject.toml* poetry.lock* ./
 => CACHED [5/6] RUN poetry config virtualenvs.in-project true
 => CACHED [6/6] RUN if [ -f pyproject.toml ]; then poetry install --no-root; fi
```

```
=> exporting to image
=> => exporting layers
=> => writing image sha256:ae079631e7a4ce5ba76080d61293d4b0666341b65c8c672af366d6938
165abae
=> => naming to docker.io/library/fastapi-book-example_demo-app
```

03

정리

4장에서는 다음을 설명했습니다.

- docker compose 관련 파일 생성
- 이미지 빌드

Chapter 5

FastAPI 설치

앞 장에서 준비한 Docker 이미지로 파이썬 환경 준비와 FastAPI 설치를 진행합니다.

01

Poetry를 통한 파이썬 환경 구축

> FastAPI를 설치하기 전에 설치에 사용할 Poetry에 대해 설명합니다.

Poetry(https://python-poetry.org/)는 루비의 Bundler나 자바의 Maven과 같이 파이썬의 패키지 관리를 해 주는 도구이자, 패키지 간의 의존 관계를 해결해 줍니다. 파이썬에서 가장 원시적인 패키지 관리 도구로 pip가 유명하지만, Poetry는 pip가 하지 못하는 패키지 간 의존성 해결, lock 파일을 이용한 버전 고정, 파이썬의 가상 환경 관리 등 더욱 기능적이고 현대적인 버전 관리를 할 수 있습니다.

처음에는 Poetry가 의존성을 관리하기 위해 사용하는 `pyproject.toml`이 존재하지 않으므로, Poetry를 사용하여 FastAPI를 설치하기 위해 의존성을 설명하는 `pyproject.toml`을 작성합니다.

다음 명령어를 실행합니다.

```
$ docker compose run \
--entrypoint "poetry init \
  --name demo-app \
  --dependency fastapi \
  --dependency uvicorn[standard]" \
demo-app
```

위 명령어는 조금 복잡하지만, 방금 만든 Docker 컨테이너(demo-app) 안에서 `poetry init` 명령을 실행하고 있습니다. 인수로 `fastapi`와 ASGI 서버인 `uvicorn`(15장 3절에서 자세히 설명하겠습니)을 설치할 의존 패키지로 지정하고 있습니다.

윈도우 환경에서는 다음과 같이 한 줄로 입력하면 잘 실행됩니다.

```
docker compose run --entrypoint "poetry init --name demo-app --dependency fastapi
--dependency uvicorn[standard]" demo-app
```

명령을 실행하면 대화 상자가 시작됩니다. Author 부분에만 n을 입력하고, 그 외에는 모두 Enter
를 눌러 진행하면 됩니다.

마지막으로 Generated file 부분에 pyproject.toml 파일의 미리보기가 나오는데, 아래와 같이
나타나면 성공입니다(다음의 fastapi와 uvicorn 버전은 집필 시점의 버전이며, 여러분의 경우에
는 실행 시점의 최신 버전이 표시될 것입니다).

```
This command will guide you through creating your pyproject.toml config.


Version [0.1.0]:
Description []:
Author [None, n to skip]: n
License []:
Compatible Python versions [^3.11]:


Using version ^0.91.0 for fastapi
Using version ^0.20.0 for uvicorn
Would you like to define your main dependencies interactively?
(yes/no) [yes]
You can specify a package in the following forms:
  - A single name (requests): this will search for matches on PyPI
  - A name and a constraint (requests@^2.23.0)
  - A git url (git+https://github.com/python-poetry/poetry.git)
  - A git url with a revision (git+https://github.com/python-poetry/poetry.git#develop)
  - A file path (../my-package/my-package.whl)
  - A directory (../my-package/)
  - A url (https://example.com/packages/my-package-0.1.0.tar.gz)


Package to add or search for (leave blank to skip):


Would you like to define your development dependencies interactively? (yes/no) [yes]
Package to add or search for (leave blank to skip):


Generated file


[tool.poetry]
name = "demo-app"
```

```
version = "0.1.0"

description = ""

authors = ["Your Name <you@example.com>"]

readme = "README.md"

packages = [{include = "demo_app"}]


[tool.poetry.dependencies]

python = "^3.11"

fastapi = "^0.91.0"

uvicorn = {extras = ["standard"], version = "^0.20.0"}



[build-system]

requires = ["poetry-core"]

build-backend = "poetry.core.masonry.api"



Do you confirm generation? (yes/no) [yes]
```

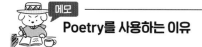

Poetry를 사용하는 이유

Poetry는 고도의 패키지 관리 기능을 제공하는데, 그중 하나인 가상 환경 관리 기능은 '환경을 제한하는 것'을 가능하게 합니다. 이 기능은 Docker의 장점과 중복됩니다.

Docker는 컨테이너를 통해 '환경을 제한하여' 해당 환경을 그대로 프로덕션 환경으로 가져갈 수 있다는 점에서, Poetry의 가상 환경 관리만으로는 불가능한 편의성을 제공하고 있습니다. 그렇다면 Poetry를 사용하면 어떤 이점이 있을까요?

pip에서는 requirements.txt에만 의존하는 반면, Poetry는 pyproject.yaml과 poetry.lock의 두 파일로 패키지를 관리합니다. requirements.txt만으로는 설치 시 의존 라이브러리의 버전 고정이 어려워, 의존 라이브러리의 부주의한 업데이트를 유발하는 원인이 될 수 있습니다. 그 외에도 Poetry는 자신이 만든 프로젝트 자체를 라이브러리로 공개하고 싶을 때에도 이용할 수 있는 것 등, 여러 장점을 누릴 수 있습니다.

Docker와 함께 사용할 경우 '환경을 제한한다'는 관점에서만 본다면 간편한 pip를 패키지 관리에 이용하는 것도 선택할 수 있지만, 이 책에서는 이러한 이유로 Docker와 Poetry를 함께 쓰고 있습니다.

02

FastAPI 설치

준비한 pyproject.toml을 이용해 FastAPI를 설치합시다.

앞 절에서 FastAPI를 종속 패키지로 포함하는 Poetry의 정의 파일을 만들었습니다.

다음 명령어로 FastAPI가 포함된 패키지를 설치합니다.

```
$ docker compose run --entrypoint "poetry install --no-root" demo-app
```

의존 패키지 다운로드가 시작되고 설치가 완료됩니다. --no-root 옵션으로 앞으로 생성할 demo-app 패키지 자체를 Poetry의 설치 대상에서 제외하고 있습니다.

```
The virtual environment found in /src/.venv seems to be broken.
Recreating virtualenv demo-app in /src/.venv
Updating dependencies
Resolving dependencies... (1.9s)

Writing lock file

Package operations: 16 installs, 0 updates, 0 removals

• Installing idna (3.4)
• Installing sniffio (1.3.0)
• Installing anyio (3.6.2)
• Installing typing-extensions (4.4.0)
• Installing click (8.1.3)
• Installing h11 (0.14.0)
• Installing httptools (0.5.0)  • Installing pydantic (1.10.4)
• Installing python-dotenv (0.21.1)
```

- Installing pyyaml (6.0)
- Installing starlette (0.24.0)
- Installing uvloop (0.17.0)
- Installing watchfiles (0.18.1)
- Installing websockets (10.4)
- Installing fastapi (0.91.0)
- Installing uvicorn (0.20.0)

설치가 완료되면 프로젝트 디렉터리 바로 아래에 poetry.lock 파일이 생성되어 있는지 확인합니다. poetry.lock은 poetry install 시 생성되며, 실제로 설치한 패키지의 정보가 기록되어 있습니다. 이것으로 다른 환경에서 새로 poetry install을 실행했을 때에도 똑같은 패키지 버전을 설치할 수 있습니다.

poetry init과 poetry install 두 명령어로 pyproject.toml과 poetry.lock 파일이 준비되었습니다. 이로써 Docker 이미지를 처음부터 만들 때, FastAPI를 포함한 파이썬 환경을 이미지에 포함시킬 수 있게 되었습니다. 새로운 파이썬 패키지를 추가한 경우, 이미지를 다시 빌드하면 pyproject.toml이 포함된 모든 패키지를 설치할 수 있습니다.

```
$ docker compose build --no-cache
```

--no-cache 옵션을 추가하면 pyproject.toml 등에 변경이 있을 때 캐시를 이용하지 않고 다시 빌드를 실행합니다.

03

로컬 개발 환경 정비

로컬에서 개발하기 쉽도록 환경을 정비합니다.

앞 절의 과정을 통해 실제 API에 사용할 Poetry 환경 정비가 완료되었습니다. 로컬에서 개발할 경우 PyCharm이나 VSCode와 같은 IDE를 사용하는 경우가 많은데, Docker 컨테이너 내의 파이썬 환경은 로컬 환경과 경로 정의가 다르기 때문에 그대로는 패키지를 참조할 수 없고, 오류를 나타내는 밑줄이 표시되어 버립니다.

PyCharm의 Professional 버전에서 docker compose 인터프리터를 사용할 수 있습니다.

- 참고: Docker Compose를 사용하여 인터프리터 구성하기 | PyCharm

  URL https://pleiades.io/help/pycharm/using-docker-compose-as-a-remote-interpreter.html

VSCode에서는 Dev Containers의 구조를 사용하여 Docker 컨테이너 내의 파일을 직접 편집할 수 있습니다.

- 참고: Developing inside a Container(영문)

  URL https://code.visualstudio.com/docs/devcontainers/containers

IDE가 Docker 환경을 지원하지 않는 경우, Docker 컨테이너 내부뿐만 아니라 로컬 환경에도 poetry install을 실행하면 IDE가 파이썬 및 FastAPI 환경을 인식하여 구문 강조 등 편리한 기능을 사용할 수 있습니다.

이 경우에는 앞서 설명한 것처럼 Docker 환경의 '환경 차이 배제'가 안 되므로, 다른 단말이나 다른 구성원과 프로젝트를 공유하는 경우 환경 차이가 발생할 수 있다는 점에 주의해야 합니다.

04

정리

5장에서는 다음을 설명했습니다.

- Poetry를 통한 파이썬 환경 구축
- FastAPI 설치
- 로컬 개발 환경 정비

Chapter 6

Hello World!

설치한 FastAPI에서 앱을 실행해, Hello World!를 표시해 봅시다.

01

Hello World! 표시를 위한 파일 작성

Hello World! 표시를 위해 필요한 파일을 만들어 보겠습니다.

그럼 바로 앞 장에서 준비한 환경에서 FastAPI를 실행해 봅시다.

프로젝트 디렉터리 바로 아래에 API 디렉터리를 생성하고 다음 파일을 추가합니다(예제 6.1, 예제 6.2).

예제 6.1: api/_init_.py(빈 파일)

파이썬

```python
```

예제 6.2: api/main.py

파이썬

```python
from fastapi import FastAPI

app = FastAPI()



@app.get("/hello")
async def hello():
    return {"message": "hello world!"}
```

__init__.py는 이 api 디렉터리가 파이썬 모듈임을 나타내는 빈 파일입니다.

main.py에는 FastAPI의 코드를 적습니다.

결과적으로 그림 6.1과 같은 디렉터리 구조가 됩니다.

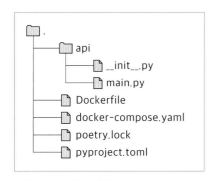

그림 6.1 프로젝트 디렉터리 구조

자세한 코드 설명은 나중에 하기로 하고, 일단 실행하여 Hello World!를 표시해 봅시다.

02

API 실행

API를 실행하여 Hello World!를 표시해 봅시다.

프로젝트 디렉터리에서 다음 명령어를 실행하여 API를 실행합니다.

```
$ docker compose up
```

참고로 다음과 같은 오류가 나타난다면 Rancher Desktop을 실행한 뒤 정상적으로 docker가
로드된 뒤에 다시 명령을 실행해 보세요.

```
error during connect: this error may indicate that the docker daemon is not running: Get
"http://...": open //./pipe/docker_engine: The system cannot find the file specified.
```

그러면 아래와 같이 포그라운드foreground에서 서버가 실행된 상태가 됩니다. 참고로 포그라운드란
사용자가 직접적으로 상호작용하는 프로세스나 작업을 가리킵니다. 사용자가 특정 작업을 실행하
고 그 진행 상황을 실시간으로 확인하며 필요한 경우 입력을 할 수 있는 상태입니다.

로그
```
demo-app_1 | INFO: Will watch for changes in these directories: ['/src']
demo-app_1 | INFO: Uvicorn running on http://0.0.0.0:8000 (Press CTRL+C to quit)
demo-app_1 | INFO: Started reloader process [1] using WatchFiles
demo-app_1 | INFO: Started server process [11]
demo-app_1 | INFO: Waiting for application startup.
demo-app_1 | INFO: Application startup complete.
```

이 상태에서 브라우저에서 아래 URL에 접속해 봅시다.

URL http://localhost:8000/docs

그러면 그림 6.2와 같이 GET /hello라는 엔드포인트endpoint가 나타날 것입니다. 엔드포인트란 API에서 요청을 받아들이고, 그에 따른 응답을 반환하는 디지털 위치 혹은 지점을 가리킵니다. 간단히 말해 API를 호출할 때 그 호출이 도착하는 목적지입니다. 엔드포인트는 일종의 URL로 표현되며, 이 URL을 통해 API 클라이언트가 API 서버에 접근하고 특정한 작업을 수행하거나 데이터를 가져올 수 있습니다. 엔드포인트가 나타나면 이것으로 서버가 성공적으로 구동되었음을 알 수 있습니다.

그림 6.2의 화면을 Swagger UI라고 합니다. Swagger UI는 API의 사양을 알려주는 문서로, REST API를 표현하는 OpenAPI라는 형식으로 정의되어 있습니다. 사용자는 Swagger UI를 통해 API의 엔드포인트 목록을 확인하고, 각각의 엔드포인트에 대한 세부 정보를 시각적으로 살펴볼 수 있습니다. '문서'라고는 하지만, 사실 이 UI는 단순한 정적인 문서 파일이 아니라 실제로 API의 동작을 검증할 수 있는 편리한 도구(상호작용형 문서)입니다.

GUI의 /hello가 표시된 배경이 파란색으로 표시된 부분을 클릭해 봅니다(그림 6.2).

그림 6.2 Swagger UI

그림 6.3과 같이 영역이 확대됩니다. 오른쪽의 'Try it out' 버튼을 클릭합니다.

default

| GET | /hello Hello |

Parameters   Try it out

No parameters   클릭

Responses

Code	Description	Links
200	Successful Response	No links

Media type

application/json

Controls Accept header.

Example Value | Schema

"string"

그림 6.3 GET /hello 상세 화면

그림 6.4의 'Execute'가 나타나면 클릭합니다.

그림 6.4 GET /hello에서 Try it out 결과

그러면 그림 6.5와 같이 Responses에 실행된 파라미터와 그에 대한 응답[response](예제 6.3)이 표시됩니다.

그림 6.5 GET /hello에서 Execute한 결과

예제 6.3: JSON

```JSON
{
  "message": "hello world!"
}
```

응답을 보면 알 수 있듯이, 기본적으로 응답은 JSON 형식으로 반환됩니다.

이 외에도 FastAPI는 HTMLResponse, FileResponse 등 다양한 응답 형식을 지원합니다.

이것은 Request URL에 표시된 바와 같이 실제로는,

URL http://localhost:8000/hello

의 API를 호출했을 때 얻은 응답입니다.

그 증거로 docker compose up을 실행한 창을 보면 다음처럼 API 요청이 로그에 표시되어 있을 것입니다.

로그

```
demo-app_1 | INFO: 172.19.0.1:64064 - "GET /docs HTTP/1.1" 200 OK
demo-app_1 | INFO: 172.19.0.1:64064 - "GET /openapi.json HTTP/1.1" 200 OK
demo-app_1 | INFO: 172.19.0.1:64068 - "GET /hello HTTP/1.1" 200 OK
```

'Execute' 버튼을 여러 번 클릭하면 "GET /hello HTTP/1.1"이 여러 줄로 표시되는 것을 확인할 수 있습니다.

FastAPI 서버는 포그라운드에서 동작하고 있는 상태입니다. 필요에 따라 Ctrl + C 명령으로 멈출 수 있습니다.

03

코드의 의미

Hello World!를 표시한 코드에 대해 설명합니다.

앞에서 작성한 main.py(예제 6.2)의 내용을 살펴봅니다(예제 6.4, 예제 6.5).

예제 6.4: api/main.py

파이썬

```python
app = FastAPI()
```

app은 FastAPI의 인스턴스입니다. main.py에는 if __name__ == "__main__":이라는 문구가 없지만, 실제로는 uvicorn이라는 ASGI 서버를 통해 이 파일의 app 인스턴스가 참조됩니다. uvicorn에 대해서는 15장 3절에서 자세히 설명합니다.

예제 6.5: api/main.py

파이썬

```python
@app.get("/hello")
```

2장 2절에서 자세히 설명한 내용입니다만, @로 시작하는 이 부분을 파이썬에서는 데코레이터라고 합니다. 자바의 애너테이션이나 C#의 속성Attribute과 비슷한 형식이지만, 파이썬의 데코레이터는 함수를 변형하고 함수에 새로운 기능을 추가합니다.

FastAPI 인스턴스에 대해서 데코레이터로 수정된 함수를 FastAPI에서는 경로 동작 함수path operation function라고 부릅니다.

경로 동작 함수를 구성하는 데코레이터는 다음 두 부분으로 나뉩니다.

· 경로(path)
· 동작(operation)

'경로'는 "/hello" 부분을 가리킵니다.

앞서 언급했듯이 이 API는, 다음과 같은 엔드포인트를 가지고 있습니다.

URL http://localhost:8000/hello

이 /hello 엔드포인트를 '경로'라고 부릅니다.

'오퍼레이션'은 get 부분을 말합니다.

이곳은 REST의 HTTP 메서드 부분으로, GET/POST/PUT/DELETE로 대표되는 HTTP 메서드를 정의합니다.

예제 6.2의 def 앞에는 async가 붙어 있습니다. 이는 비동기임을 알려주는 접근 제어자[Access Modifier]입니다. 접근 제어자란 클래스의 멤버(변수, 메서드 등)에 대한 접근 권한을 제어하는 데 사용되는 키워드입니다. 이를 통해 정보 은닉의 개념을 실현하고, 클래스 외부에서의 직접적인 접근을 제어할 수 있습니다.

접근 제어자는 '13장 비동기화'에서 자세히 설명할 것이므로, 당분간 모든 경로 동작 함수의 앞 부분에 작성해 둡시다.

다음 장에서 이 책의 핵심인 ToDo 앱을 작성하는 Part 2에 들어갑니다. 작성할 ToDo 앱에 대해 먼저 설명한 뒤, 앞에서 설명한 경로 동작 함수를 실제로 정의합니다.

04
정리

6장에서는 다음을 설명했습니다.

- Hello World! 표시를 위한 파일 작성
- API 실행
- 코드의 의미

Chapter 7

애플리케이션 개요와 디렉터리

작성할 ToDo 앱의 개요와 FastAPI의 디렉터리 구성을 알아봅니다.

01

ToDo 앱 개요

먼저 이 책에서 만들 ToDo 앱이 어떤 애플리케이션인지 설명합니다.

이 책에서 만드는 것은 간단한 ToDo 앱으로, 그림 7.1과 같은 모습을 하고 있습니다.

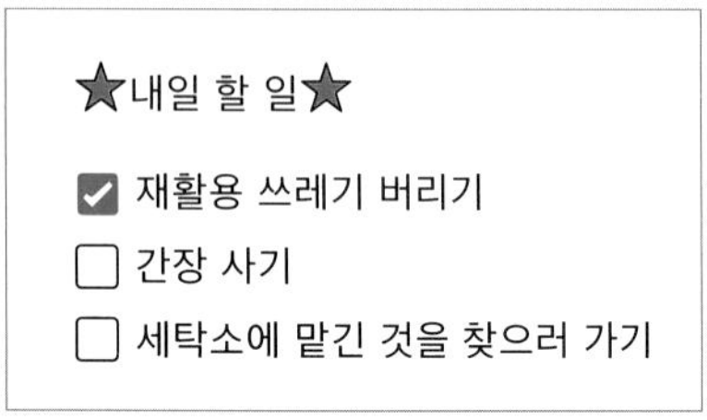

★내일 할 일★

- ☑ 재활용 쓰레기 버리기
- ☐ 간장 사기
- ☐ 세탁소에 맡긴 것을 찾으러 가기

그림 7.1 ToDo 앱의 이미지

02

REST API

이 책의 API가 따르는 설계 방침인 REST에 대해 알아봅시다.

REST API에서는 HTTP로 정보를 주고받을 때 URL로 모든 '리소스'를 정의합니다. 리소스를 나타내는 엔드포인트와 HTTP 메서드(GET/POST/POST/PUT/DELETE 등)를 조합하여 API 전체를 구성합니다.

REST의 사상이나 엄격한 정의는 다른 좋은 책이나 인터넷에 알기 쉬운 설명이 많이 있으므로 이 책에서는 다루지 않겠습니다. 지금 당장 자세히 이해하지 못하더라도, 구현해 가면서 자연스럽게 이해할 수 있을 것입니다.

REST에 따라 위의 ToDo 앱을 구현하기 위해 필요한 기능을 정리해 봅니다.

- ToDo 리스트 표시하기
- ToDo에 작업 추가하기
- ToDo 작업 설명문을 변경하기
- ToDo 작업 자체를 삭제하기
- ToDo 작업에 '완료' 플래그 달기
- ToDo 작업에서 '완료' 플래그 제거하기

이 외에도 날짜순으로 정렬하거나, 수동으로 순서를 바꾸거나, 중첩된 ToDo 작업을 정의할 수 있도록 하는 등, 다양한 기능을 추가한 앱을 만들 수 있습니다. 이 책에서는 위의 기본적인 기능을 만들기로 하겠습니다.

이 기능들을 REST API에서,

- HTTP메서드 엔드포인트({} 내부는 파라미터)

의 형식으로 적으면 다음처럼 정의할 수 있습니다.

- GET /tasks
- POST /tasks
- PUT /tasks/{task_id}
- DELETE /tasks/{task_id}
- PUT /tasks/{task_id}/done
- DELETE /tasks/{task_id}/done

물론 이것이 유일한 정답은 아닙니다. PATCH를 사용하거나, '완료' 플래그의 ON/OFF를 동일한 HTTP 메서드로 전환되는 토글로 만들거나, UI나 DB의 사양에 따라 별도의 인터페이스로 정의할 수도 있습니다.

03
디렉터리 구조에 대해서

작성할 ToDo 앱 프로젝트의 디렉터리 구조에 대해 설명합니다.

FastAPI에서는 디렉터리 구조나 파일 분할 방법을 엄격하게 정하고 있지 않습니다. FastAPI의 공식 문서(https://fastapi.tiangolo.com/ja/tutorial/sql-databases/#file-structure)에 권장되는 디렉터리 구조는 나와 있지만, 프로젝트가 커져서 해당 구조를 변경할 경우 대규모 리팩토링을 해야 하는 상황이 발생합니다.

이 책에서는 미리 디렉터리를 어느 정도 세세하게 나눠 놓습니다. 이를 통해 애플리케이션의 규모가 커져도 견딜 수 있는 코드베이스를 가진 실용적인 API를 목표로 합니다.

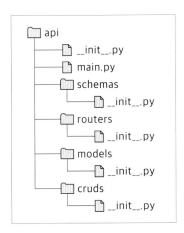

그림 7.2 ToDo 앱의 api 디렉터리 구성

그림 7.2와 같이 api 디렉터리 아래에 schemas, routers, models, cruds의 네 개의 디렉터리를 준비합니다. 각 디렉터리의 역할에 대해서는 다음 장 이후에 설명합니다.

__init__.py는 앞 장에서 설명한 것처럼 파이썬 모듈임을 나타내는 빈 파일입니다.

04

정리

7장에서는 다음을 설명했습니다.

- ToDo 앱 개요
- REST API
- 디렉터리 구조에 대해서

Chapter 8

라우터

라우터(Routers)와 그 속에 정의하는 경로 동작 함수에 대해 설명합니다.

01

경로 동작 함수에 대하여

경로 동작 함수에 대해 설명합니다.

라우터에는 6장에서 등장한 경로 동작 함수path operation function를 정의합니다.

경로 동작 함수는 경로path와 동작operation의 조합으로 정의된다고 설명했습니다. 앞 장에서 설명한 REST API의 엔드포인트와 HTTP 메서드에 각각 대응됩니다.

감이 좋은 분들은 이미 짐작했겠지만, ToDo 앱을 만들기 위해 라우터에 다음과 같은 6가지 경로 동작 함수를 정의하게 됩니다.

- GET /tasks
- POST /tasks
- PUT /tasks/{task_id}
- DELETE /tasks/{task_id}
- PUT /tasks/{task_id}/done
- DELETE /tasks/{task_id}/done

02

경로 동작 함수 만들기

경로 동작 함수의 작성에 대해 설명합니다.

6개의 함수를 하나의 파일에 담게 되면, 구현 상태에 따라서는 파일 크기가 커져 보기 좋지 않을 수 있습니다. 이 책에서 소개하는 코드는 처리가 비교적 단순해서 하나의 파일로 묶어도 크게 문제가 되지 않습니다. 하지만 함수에 기능을 추가할 때마다 파일 크기가 커지므로 미리 명확하게 분할해 놓아야 더욱 실용적인 설계가 될 수 있습니다.

분할은 리소스 단위로 하는 것을 추천합니다.

이번 ToDo 앱의 경우 크게 /tasks와 /tasks/{task_id}/done 두 개의 리소스로 나눌 수 있으므로 각각을 api/routers/task.py(예제 8.1)와 api/routers/done.py(예제 8.2)에 작성합니다.

예제 8.1: api/routers/task.py

파이썬

```python
from fastapi import APIRouter

router = APIRouter()


@router.get("/tasks")
async def list_tasks():
    pass


@router.post("/tasks")
async def create_task():
    pass
```

```python
@router.put("/tasks/{task_id}")
async def update_task():
    pass



@router.delete("/tasks/{task_id}")
async def delete_task():
    pass
```

예제 8.2: api/routers/done.py

파이썬

```python
from fastapi import APIRouter


router = APIRouter()



@router.put("/tasks/{task_id}/done")
async def mark_task_as_done():
    pass



@router.delete("/tasks/{task_id}/done")
async def unmark_task_as_done():
    pass
```

 메모

pass

여기서 pass는 '아무것도 하지 않는 문장'을 의미합니다.

일반적으로 함수는 return 문으로 값을 반환한 뒤 종료하지만, 아무것도 반환하지 않는 함수의 경우 return을 쓸 필요는 없습니다. 하지만 파이썬은 들여쓰기에 엄격하므로, 아무것도 처리하지 않는 함수를 그대로 두면 함수의 내용을 찾을 수 없어 들여쓰기 오류가 발생합니다. 이후에 내용을 구현할 예정임을 쉽게 알 수 있도록 pass라고 써 두고, 다음으로 넘어가도록 하겠습니다.

이것으로 routers의 플레이스홀더Placeholder 준비는 끝났습니다. 플레이스홀더란 문자나 이미지 등의 요소가 들어갈 자리를 임시로 채워놓은 내용물을 말합니다.

하지만 이것만으로는 앞서 설명한 Swagger UI에 나타나지 않습니다.

위의 두 파일로 작성한 router 인스턴스를 FastAPI 인스턴스로 가져와야 합니다. Hello World! 를 작성한 api/main.py를 예제 8.3처럼 다시 작성합니다.

예제 8.3: api/main.py

파이썬

```python
from fastapi import FastAPI

from api.routers import task, done


app = FastAPI()
app.include_router(task.router)
app.include_router(done.router)
```

03

동작 확인

추가된 기능의 동작을 확인합시다.

지금까지의 작업을 통해 Swagger UI에 그림 8.1처럼 6개의 경로 동작 함수에 해당하는 엔드포인트가 추가되었습니다.

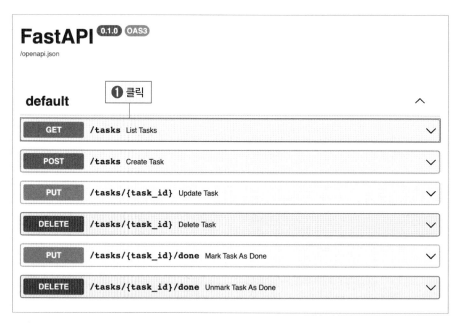

그림 8.1 Swagger UI에 추가된 6개의 경로 동작 함수

Docker에 FastAPI 환경을 구축할 때 변경 사항을 즉시 반영하는 핫 리로드hot reload 옵션 (--reload)을 추가했으므로, 파일을 저장하면 Swagger UI를 열었을 때 위와 같이 최신 상태가 반영되어 있을 것입니다(환경에 따라 다시 로드되기까지 최대 20초 정도 걸릴 수 있습니다).

예제 8.1에서 정의한 async def list_tasks()는 Swagger UI에서는 List Tasks라는 설명을 덧붙여 표시됩니다(그림 8.1 ❶).

이는 함수명을 바탕으로 자동 생성된 설명입니다. Swagger UI를 풍부하고 이해하기 쉬운 문서로 만들기 위해, 가능한 한 이해하기 쉽고 본문을 잘 표현하는 함수 이름을 붙이도록 노력합시다.

지금까지의 구현은 단지 플레이스홀더를 준비한 것에 불과합니다. 결과를 확인하기 위해 그림 8.2처럼 POST/tasks의 경로 동작을 열어 봅시다.

그림 8.2 POST /tasks의 상세 화면

'Try it out'을 클릭한 뒤 'Execute' 버튼을 클릭하면 Response body에는 null만 반환되는 것을 확인할 수 있습니다.

다음 장에서 스키마scheme를 사용해 정형화된 값을 채워 응답을 반환하도록 정의해 봅니다.

04

정리

8장에서는 다음을 설명했습니다.

- 경로 동작 함수에 대해
- 경로 동작 함수 만들기
- 동작 확인

Chapter 9

스키마 – 응답

스키마에서는 API의 요청과 응답을 정확한 타입으로 정의합니다. 이번 장에서는 먼저 응답에 대해 알아봅니다.

01

타입 힌트

> 스키마에 대해 설명하기 전에 스키마 정의에 사용되는 중요한 파이썬 문법인 타입 힌트를 알아봅시다.

이미 알고 계시겠지만 파이썬은 동적 타입 언어Dynamic Typed Language입니다. 동적 타입 언어는 프로그램이 실행될 때 변수의 데이터 타입을 명시적으로 선언하는 것이 아니라, 변수에 할당되는 값에 따라 데이터 타입이 동적으로 결정되는 언어를 말합니다. 최근에는 동적 타입 언어인 파이썬에서도 타입 힌트 기능이 도입되었습니다. 타입 힌트를 사용하면, 코드를 작성하는 시점에서는 아직까지 동적으로 타입이 결정되지만, 코드 내에 명시된 타입 힌트를 통해 함수의 시그니처signature를 더 명확하게 나타낼 수 있습니다. 함수의 시그니처는 해당 함수를 유일하게 식별할 수 있는 정보를 담고 있는 개념입니다. 주로 함수의 이름과 파라미터의 개수, 타입, 반환 값의 타입을 포함합니다. 함수 시그니처는 함수를 호출할 때 필요한 정보를 제공하며, 이를 통해 컴파일러나 인터프리터가 올바른 함수를 찾아 실행할 수 있습니다.

보통 타입 힌트는 실행 시runtime에는 영향을 주지 않고(코드의 내용에는 아무런 영향을 주지 않고), IDE 등에 타입 정보를 제공하는 역할을 합니다. 하지만 FastAPI가 의존하는 Pydantic이라는 강력한 라이브러리를 통해 타입 힌트를 적극적으로 활용하여 API 입출력의 유효성 검사를 수행합니다. Pydantic은 파이썬에서 데이터 모델을 정의하고, 데이터 유효성을 검사하는 라이브러리입니다. 데이터의 형식을 정하고 이를 확인하여 안정성을 높이며, 사용자가 이해하기 쉬운 오류 메시지를 제공하여 문제를 해결하는 데 도움을 줍니다.

'실행 시 영향을 미치지 않는다'는 것은 무엇을 의미할까요?

예를 들어, int 타입일 것으로 예상하고 변수 num을 다음과 같이 정의했다고 합시다.

파이썬 인터프리터
```
>>> num: int = 1
```

그런데 여기에 실수로 문자열 타입인 "string"을 대입하려고 합니다.

```
>>> num = "string"
```

파이썬은 오류를 발생시키지 않습니다. 처음에 제시한 : int는 타입 힌트일 뿐, 정적 타입 언어 Statically Typed Language처럼 변수의 타입을 제한하는 것은 아닙니다. 여기서 정적 타입 언어란 프로그램을 컴파일할 때 변수의 타입을 결정하고 이를 명시적으로 선언해야 하는 언어를 의미합니다. 다음 결과를 보면 변수의 타입이 str인 것을 알 수 있습니다.

```
>>> num
'string'
>>> type(num)
<class 'str'>
```

02

응답 타입 정의

ToDo 앱의 응답 타입을 정의합니다.

앞서 설명한 경로 동작 함수에 응답 타입을 정의합시다. 요청 타입에 대해서는 10장에서 다룹니다.

예제 9.1와 같이 api/schemas/task.py를 작성합니다.

예제 9.1: api/schemas/task.py

파이썬

```python
from pydantic import BaseModel, Field


class Task(BaseModel):
    id: int
    title: str | None = Field(None, example="세탁소에 맡긴 것을 찾으러 가기")
    done: bool = Field(False, description="완료 플래그")
```

이 파일은 FastAPI의 스키마를 나타냅니다. API의 스키마는 API 요청과 응답의 타입을 정의하기 위한 것으로, 11장에 나오는 데이터베이스의 스키마와 다르다는 점에 주의해야 합니다.

각 클래스의 정의에 대해서는 나중에 설명하겠습니다. 먼저 이 스키마를 이용하여 실제로 API 응답을 반환할 수 있는지 확인해 봅시다. 앞 장에서 작성한 api/routers/task.py의 list_tasks() 함수를 예제 9.2와 같이 다시 작성합니다.

예제 9.2: api/routers/task.py

파이썬

```python
from fastapi import APIRouter

+import api.schemas.task as task_schema
```

```
router = APIRouter()


-@router.get("/tasks")
-async def list_tasks():
-    pass
+@router.get("/tasks", response_model=list[task_schema.Task])
+async def list_tasks():
+    return [task_schema.Task(id=1, title="첫 번째 ToDo 작업")]
```

여기서는 api.schemas.Task를 task_schema로 이름을 바꾸어 임포트하고 있습니다. 나중에 11장에서 DB와 연결해 모델(models)을 정의할 때, 같은 이름의 파일 api/models/task.py를 정의하여 이를 task_model로 바꾸어 구분하기 위해서입니다.

이제 Swagger UI에 접속하면 API에 응답(Response body)이 추가된 것을 확인할 수 있습니다(그림 9.1).

그림 9.1 GET /tasks의 응답 확인

03
응답 타입 정의에 대한 설명

앞 절에서 정의한 응답 타입을 자세히 알아보겠습니다.

앞에서 정의한 스키마의 내용을 설명하겠습니다(예제 9.3).

예제 9.3: api/schemas/task.py

파이썬

```python
class Task(BaseModel):
    id: int
    title: str | None = Field(None, example="세탁소에 맡긴 것을 찾으러 가기")
    done: bool = Field(False, description="완료 플래그")
```

FastAPI의 스키마 모델임을 나타내는 BaseModel 클래스를 상속받아 Task 클래스를 만들고 있습니다.

Task 클래스는 id, title, done의 3가지 필드를 가집니다. 각 필드에는 int, str | None, bool의 타입 힌트가 추가되어 있습니다.

또한 오른쪽의 Field는 필드에 대한 부가적인 정보를 기술합니다. 첫 번째 변수는 필드의 기본값을 나타냅니다. title은 None, done은 False를 기본값으로 설정하고 있습니다.

example은 필드의 값을 예를 들어 설명합니다. title은 그림 9.2의 문자열과 같이 각 ToDo 작업의 제목입니다.

☐ 세탁소에 맡긴 것을 찾으러 가기

그림 9.2 세탁소에 맡긴 것을 찾으러 가기

done은 완료 플래그를 나타냅니다. description은 인수에 대해 설명합니다. 이러한 스키마 정의는 Swagger UI 하단에서도 확인할 수 있습니다(그림 9.3).

```
Schemas                                                              ^

   Task ^  Collapse all  object
      id*  integer
      title ^  Collapse all  (string | null)
         Any of >   Expand all  (string | null)
         Example   "세탁소에 맡긴 것을 찾으러 가기"
      done ^  Collapse all  boolean
         완료 플래그
         Default  false
```

그림 9.3 Swagger UI에서의 스키마 정의

더 알아보기

파이썬 버전에 따른 타입 힌트 작성 방식의 차이점

앞에서 살펴본 Task의 title 필드의 타입 힌트는 title: str ¦ None입니다. 이는 타입이 str 또는 None임을 나타냅니다.

파이썬 3.9 이전에는 ¦ 연산자가 존재하지 않았기 때문에 Optional[str]이라고 써야 했습니다. 또한 Optional은 언어에서 제공하는 예약어나 연산자가 아니기 때문에, 이를 사용하려면 typing 모듈을 이용하는 from typing import Optional이라는 문장이 필요했습니다(예제 9.4).

참고로 옵셔널optional 은 값이 있을 수도 있고 없을 수도 있는 상황에서 값을 안전하게 처리하기 위해 사용합니다. 변수나 상수에 값이 있으면 그 값을 갖고, 값이 없으면 아무것도 없는 상태를 나타냅니다. 옵셔널 타입을 Optional으로 표기하는 것은 다른 언어에서도 흔히 사용하는 표기이므로, 이 표기를 선호하는 경우 파이썬 3.10 이후에도 계속 사용할 수 있습니다.

예제 9.4: api/schemas/task.py(파이썬 3.9 이전 버전)

파이썬

```python
from typing import Optional


class Task(BaseModel):
    id: int
    title: Optional[str] = Field(None, example="세탁소에 맡긴 것을 찾으러 가기")
    done: bool = Field(False, description="완료 플래그")
```

또한 파이썬 3.9 이후에서는 str의 list는 list[str]로 표기하며, 마찬가지로 int를 key, str을 value로 취하는 dict도 dict[int, str]과 같이 표기할 수 있습니다. 하지만 파이썬 3.8 이전에는 이 표기가 불가능하므로 옵셔널의 경우와 마찬가지로 typing 모듈을 이용하여 from typing import List, Dict를 미리 임포트한 뒤, List[str]이나 Dict[int, str]로 표기해야 했습니다.

04

라우터에 정의한 응답에 대한 설명

스키마 파일의 다음에는 라우터에 추가한 변경 사항을 살펴봅니다.

예제 9.5: api/routers/task.py

파이썬

```python
@router.get("/tasks", response_model=list[task_schema.Task])
async def list_tasks():
    return [task_schema.Task(id=1, title="첫 번째 ToDo 작업")]
```

라우터에서는 앞서 정의한 스키마를 이용해 API의 요청과 응답을 정의합니다(그림 9.5). GET /tasks에서는 요청 파라미터나 요청 본문을 받지 않으므로 응답만 정의합니다.

응답의 스키마로 경로 동작 함수의 데코레이터에 response_model을 설정합니다. GET /tasks는 스키마에 정의한 Task 클래스를 여러 개 반환하므로 리스트로 정의합니다. response_model=list[task_schema.Task]가 됩니다.

현 시점에서는 아직 DB 등과의 연결은 없으며, Task 데이터 저장은 고려되지 않은 상태입니다. 일단 더미 데이터를 항상 반환하는 함수로 정의해 둡니다.

id와 title을 임의의 내용으로 지정하고, done은 기본적으로 False이므로 여기서는 지정하지 않습니다. 더미 데이터로 [task_schema.Task(id=1, title="첫 번째 ToDo 작업")]을 반환합니다.

타입 정의의 강력함

FastAPI에서 타입 정의는 강력하며, 타입 힌트는 중요한 의미를 가집니다.

이번 장에서는 스키마를 정의해 보았습니다. 또한, 스키마를 나타내는 클래스의 각 필드에는 엄격하게 타입 힌트를 부여했습니다.

이 장의 앞머리에서 FastAPI에서 타입 힌트는 단순히 IDE의 타입 검사에만 사용되는 것이 아니라 런타임runtime 평가에도 사용된다고 설명했습니다.

이를 확인하기 위해 예제 9.6과 같이 title의 타입 정의를 str ¦ None(Optional[str])에서 bool ¦ None(Optional[bool])으로 변경하고 Swagger UI에서 GET /tasks의 API를 호출해 봅시다.

예제 9.6: api/schemas/task.py

파이썬

```
class Task(BaseModel):
    id: int
-    title: str ¦ None = Field(None, example="세탁소에 맡긴 것을 찾으러 가기")
+    title: bool ¦ None = Field(None, example="세탁소에 맡긴 것을 찾으러 가기")
    done: bool = Field(False, description="완료 플래그")
```

응답이 Internal Server Error로 바뀌었을 것입니다.

터미널을 확인하면 다음과 같이 응답의 유효성 검사에 실패한 것을 확인할 수 있습니다.

```
pydantic.error_wrappers.ValidationError: 1 validation error for Task
title
value could not be parsed to a boolean (type=type_error.bool)
```

파이썬을 포함한 동적 타입 지정 언어에서는 일반적으로 타입을 의식하지 않기 때문에, 이러한 타입 힌트가 없으면 API가 예상치 못한 타입으로 값을 반환하게 됩니다. 결과적으로 프론트엔드에서 오류가 발생하여 애플리케이션의 사용자에게 영향을 미칠 수 있습니다. 타입 불일치를 방지하기 위해서는 유효성 검사가 필요합니다. 일반적으로는 title의 내용이 str이라는 유효성 검사 validation를 자체적으로 준비하게 됩니다.

하지만 이 책에서 지금까지 유효성 검사 구현을 전혀 하지 않은 점을 기억해 주세요. '타입 힌트를 이용해 자동으로 유효성 검사를 해주는 것'이 바로 앞 장에서 설명한 FastAPI가 타입 안전하다는 것의 핵심입니다.

응답만으로는 API의 타입 정의가 얼마나 유용한지 알기 힘들 수 있습니다. 앞으로 설명할 요청의 타입에서 그 힘을 더욱 발휘합니다.

잊지 말고 예제 9.6에서 변경한 내용을 원래대로 돌려놓으세요.

06

정리

9장에서는 다음을 설명했습니다.

- 타입 힌트
- 응답 타입 정의
- 응답 타입 정의 설명
- 라우터에 정의한 응답에 대한 설명
- 타입 정의의 강력함

Chapter 10

스키마 - 요청

스키마 중에서 요청에 대해 알아보겠습니다.

01

요청의 정의

ToDo 앱의 요청 유형을 정의합니다.

앞 장에서는 요청 파라미터를 받지 않는 GET 함수를 정의했습니다. 이번 장에서는 GET /tasks와 짝을 이루는, POST /tasks에 대응하는 create_task() 함수를 정의해 보겠습니다.

POST 함수에서는 요청 본문response body을 받아 데이터를 저장합니다.

스키마

예제 9.2에서 정의한 GET 함수는 id를 가진 Task 인스턴스를 반환했습니다. 하지만, 일반적으로 POST 함수에서는 id를 지정하지 않고 DB에서 자동으로 id를 매기는 경우가 많습니다.

또한 done 필드에 대해서도 Task 작성 시에는 항상 false이므로 POST /tasks의 엔드포인트에서 제외합니다.

따라서 POST 함수는 요청 본문으로 title 필드만 받도록 하겠습니다. POST용으로 id, done 필드가 없는 TaskCreate 클래스를 새로 정의합니다(예제 10.1).

예제 10.1: api/schemas/task.py

파이썬

```
class TaskCreate(BaseModel):
    title: str | None = Field(None, example="세탁소에 맡긴 것을 찾으러 가기")
```

그러면 Task와 TaskCreate의 공통 필드는 title뿐이므로, 양쪽에 title만 가진 베이스 클래스로 TaskBase를 정의하고 Task와 TaskCreate는 이를 이용하도록 고쳐 씁니다. (예제 10.2).

예제 10.2: api/schemas/task.py

파이썬

```
+class TaskBase(BaseModel):
```

```
+    title: str | None = Field(None, example="세탁소에 맡긴 것을 찾으러 가기")


-class TaskCreate(BaseModel):
+class TaskCreate(TaskBase ): # TaskBase를 변경하지 않으면 동작 확인 시 title이 표시되지
않습니다.
-    title: str | None = Field(No8ne, example="세탁소에 맡긴 것을 찾으러 가기")
+    pass


class Task(BaseModel):
+class Task(TaskBase):
    id: int
-    title: str | None = Field(None, example="청소하러 가겠습니다")
    done: bool = Field(False, description="완료 플래그")

+    class Config:
+        orm_mode = True
```

여기서 orm_mode는 12장에서 DB에 접속할 때 사용합니다. 자세한 설명은 12장을 참고합니다.

그리고 TaskCreate의 응답으로, TaskCreate에 id만 추가한 TaskCreateResponse도 정의합니다
(예제 10.3).

예제 10.3: api/schemas/task.py

파이썬

```
class TaskCreateResponse(TaskCreate):
    id: int

    class Config:
        orm_mode = True
```

정리하자면, api/schemas/task.py의 클래스 정의 부분은 다음과 같습니다(예제 10.4).

예제 10.4: api/schemas/task.py

파이썬

```
class TaskBase(BaseModel):
    title: str | None = Field(None, example="세탁소에 맡긴 것을 찾으러 가기")
```

```python
class TaskCreate(BaseModel):
    pass


class TaskCreateResponse(TaskCreate):
    id: int

    class Config:
        orm_mode = True


class Task(TaskBase):
    id: int
    done: bool = Field(False, description="완료 플래그")

    class Config:
        orm_mode = True
```

라우터

라우터에 POST의 경로 동작 함수 create_task()를 정의합니다(예제 10.5).

예제 10.5: api/routers/task.py

파이썬

```python
@router.post("/tasks", response_model=task_schema.TaskCreateResponse)
async def create_task(task_body: task_schema.TaskCreate):
    return task_schema.TaskCreateResponse(id=1, **task_body.dict())
```

요청 파라미터에 따라 DB에 저장하고 싶지만, 여기서는 우선 API로 올바른 타입의 데이터를 넘겨받아, 적합한 타입의 응답을 반환하도록 합니다. 수신한 요청 본문에 id를 부여하여 응답 데이터를 반환하도록 합니다.

create_task() 함수의 인수로 지정한 것이 요청 본문 task_body: task_schema.TaskCreate입니다.

앞서 설명한 바와 같이, 요청에 대한 응답 데이터는 id를 가집니다. 요청 본문의 task_schema. TaskCreate 클래스를 일단 dict로 변환하고, key/value와 id=1을 가진 task_schema.TaskCreate Response 인스턴스를 생성하는 것이 task_schema.TaskCreate Response(id=1, **task_body. dict())입니다.

dict 인스턴스 앞에 **를 붙여 dict를 키워드 인수로 확장하고, task_schema.TaskCreate Response 클래스의 생성자에 dict의 key/value를 전달합니다.

즉, task_schema.TaskCreateResponse(id=1, title=task_body.title, done=task_body.done) 라고 작성하는 것과 동일합니다.

동작 확인

앞에서 정의한 POST 엔드포인트를 호출해 봅시다.

요청을 전송하면 요청 본문Request body에 id가 부여되어 그대로 응답Responses으로 돌아오는 것을 확인할 수 있습니다(그림 10.1).

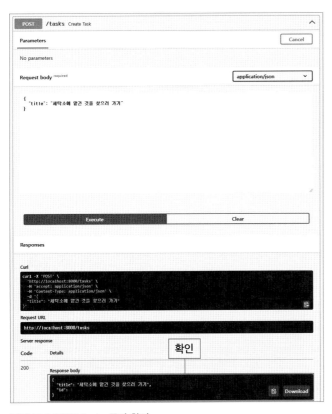

그림 10.1 POST /tasks 동작 확인

요청 본문Request body을 다음과 같이 변경하면, 동적으로 응답Responses이 달라짐을 확인할 수 있습니다(그림 10.2).

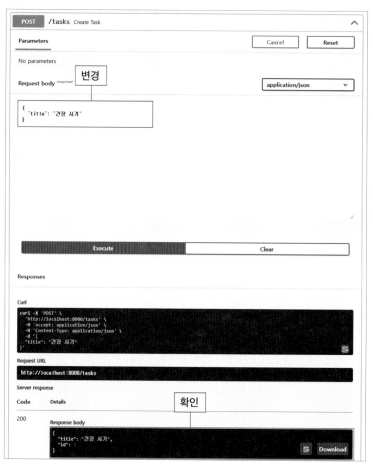

그림 10.2 POST /tasks의 요청 내용 변경

02

나머지 요청과 응답을 모두 정의하기

GET /tasks와 POST /tasks를 제외한 나머지 요청과 응답을 정의합니다.

라우터에는 경로 동작 함수가 6개밖에 없으므로, 다른 함수도 요청과 응답을 모두 채워 나가겠습니다.

최종적으로 api/routers/task.py와 api/routers/done.py의 함수는 예제 10.6, 예제 10.7과 같이 정의합니다.

예제 10.6: api/routers/task.py

파이썬

```python
@router.get("/tasks", response_model=list[task_schema.Task])
async def list_tasks():
    return [task_schema.Task(id=1, title="첫 번째 ToDo 작업")]



@router.post("/tasks", response_model=task_schema.TaskCreateResponse)
async def create_task(task_body: task_schema.TaskCreate):
    return task_schema.TaskCreateResponse(id=1, **task_body.dict())



@router.put("/tasks/{task_id}", response_model=task_schema.TaskCreateResponse)
async def update_task(task_id: int, task_body: task_schema.TaskCreate):
    return task_schema.TaskCreateResponse(id=task_id, **task_body.dict())



@router.delete("/tasks/{task_id}")
async def delete_task(task_id: int):
    return
```

예제 10.7: api/routers/done.py

파이썬

```python
@router.put("/tasks/{task_id}/done", response_model=None)
async def mark_task_as_done(task_id: int):
    return


@router.delete("/tasks/{task_id}/done", response_model=None)
async def unmark_task_as_done(task_id: int):
    return
```

done 관련 함수는 체크박스를 ON/OFF할 뿐이므로 요청 본문과 응답이 없어 단순합니다.

03

스키마 기반 개발

FastAPI와 잘 어울리는 스키마 기반 개발의 개념을 설명합니다.

이 장과 9장에서는 8장에서 정의한 라우터의 플레이스홀더에 대해 요청과 응답을 정의했습니다. 하지만 핵심적인 데이터 저장과 데이터 읽기가 아직 구현되어 있지 않아 API로서는 그다지 도움이 되지 않습니다.

라우터로서는 각 경로 연산에 3줄의 코드만 작성했을 뿐이지만, API Mock(모의 객체) 역할을 수행합니다. 여기까지 준비된 단계에서 프론트엔드와 백엔드 통합을 시작할 수 있습니다. 이후의 구현에서는 이러한 요청과 응답의 정의에 대해 언급하지 않습니다.

물론 조건에 따라 요청과 응답의 형태가 달라지거나 비정상적인 경우를 모두 처리하지 못할 수도 있습니다. 하지만 적어도 정상 케이스의 한 패턴에 대해 모든 엔드포인트를 커버하고 있다는 것은 '1장 FastAPI 개요'에서도 설명했듯이 API 개발과 분리된 SPA 개발 등에서, 프론트엔드 개발자에게 강력한 무기가 될 것입니다.

개발 초기에 미치는 영향

많은 Web API 프레임워크는 Swagger UI의 통합을 지원하지 않습니다. 그렇기 때문에 보통은 다음과 같이 세 단계로 스키마 개발을 실현합니다.

1. 스키마를 OpenAPI 형식(일반적으로 YAML)으로 정의한다.
2. Swagger UI를 제공하여 프론트엔드 개발자에게 전달한다.
3. API 개발에 착수한다.

그러나 FastAPI에서는 다음과 같이 훨씬 간단한 단계로 스키마 기반 개발을 실현할 수 있습니다.

1. API 개발 과정으로 라우터와 스키마를 정의하고, 자동 생성된 Swagger UI를 프론트엔드 개발자에게 전달한다.
2. 위 라우터와 스키마에 살을 붙이는 형태로 API의 기능을 구현한다.

기능 수정 시 미치는 영향

FastAPI를 통한 스키마 기반 개발은 생각보다 강력합니다. 처음 개발할 때뿐만 아니라 처음 정의한 요청과 응답을 수정하는 흐름을 생각해 봅시다.

보통 다른 프레임워크에서는 다음과 같이 개발합니다.

1. 먼저 OpenAPI로 정의한 스키마를 변경한다.
2. 변경된 Swagger UI를 제공하여 프론트엔드 개발자에게 전달한다.
3. API를 수정한다.

반면에 FastAPI라면 동작 중인 API의 요청과 응답을 직접 변경하고, 동시에 자동 생성된 Swagger UI를 프론트엔드 개발자에게 전달하는 것으로 끝입니다.

한 번 API를 개발해 놓으면 OpenAPI의 스키마 정의는 유지관리되지 않게 되며, Swagger UI를 제공하는 모의 서버를 구동하는 방법을 잊어버리거나 아예 망가져 버리는 경우가 발생하기도 합니다. 하지만 FastAPI는 API 인터페이스의 정의(문서)와 구현이 함께 제공되므로 그런 걱정이 없습니다.

04

정리

10장에서는 다음을 설명했습니다.

- 요청의 정의
- 나머지 요청과 응답을 모두 정의하기
- 스키마 기반 개발에 대하여

MEMO

Chapter 11

데이터베이스 연결과 DB 모델

이 장에서는 데이터베이스로 MySQL의 Docker 컨테이너를 설정해, ToDo 앱에서 데이터
베이스에 접속하는 방법을 알아봅니다.

01

MySQL 컨테이너 실행

Docker 컨테이너로 MySQL을 실행해 앱에서 접속해 봅니다.

3장에서 설명했듯이, docker compose를 이용하면 MySQL도 쉽게 설치할 수 있습니다. 데이터베이스 서버는 다양한 종류가 있지만, 이 책에서는 프로덕션 환경에서 가장 많이 사용되는 데이터베이스 서버 중 하나인 MySQL을 사용하기로 합니다.

로컬에 MySQL이 설치되어 있다면 그쪽을 사용해도 상관없지만, ToDo 앱의 컨테이너와 연결하거나 로컬 MySQL의 데이터를 오염시키지 않고 사용할 수 있기 때문에 지금부터 설명할 단계에 따라 컨테이너를 만들어 실행하는 것을 추천합니다.

SQLite

공식 문서나 튜토리얼 등에서는 MySQL 대신 파일 기반으로 쉽게 사용할 수 있는 SQLite를 데이터베이스로 소개하는 경우가 많습니다.

하지만 SQLite는 기본적인 SQL문은 지원하지만 데이터 타입의 종류가 적고, 애초에 파일 기반이라 확장(scalability)을 위한 분산 구성이 어려운 점 등, 향후 프로젝트가 커졌을 때 부딪히는 문제가 많으므로 현실적인 웹 애플리케이션의 데이터베이스로 채택된 사례는 많지 않습니다.

이 책에서도 이후 14장에서는 SQLite를 사용하지만, 프로덕션 코드(테스트 코드가 아닌 코드)에서는 좀 더 실용적인 앱 개발을 목표로 하여, 그대로 실제 서비스로 확장할 수 있도록 MySQL을 사용합니다.

demo-app과 함께 demo라는 이름의 데이터베이스를 가진 db 서비스를 추가합니다(예제 11.1).

예제 11.1: docker-compose.yaml

`yaml`

```
version: '3'
```

```
services:
  demo-app:
    build: .
    volumes:
      - .dockervenv:/src/.venv
      - .:/src
    ports:
      - 8000:8000 # 호스트 머신의 8000번 포트를 docker의 8000번 포트에 연결
    environment:
      - WATCHFILES_FORCE_POLLING=true # 환경에 따라 핫 리로드를 위해 필요
  db:
    image: mysql:8.0
    platform: linux/x86_64 # 애플 실리콘 맥(M1/M2 등)의 경우 필요
    environment:
      MYSQL_ALLOW_EMPTY_PASSWORD: 'yes' # root 계정을 비밀번호 없이 생성
      MYSQL_DATABASE: 'demo' # demo 데이터베이스를 초기 데이터베이스로 설정
      TZ: 'Asia/Seoul' # 시간대를 한국 시간으로 설정
    volumes:
      - mysql_data:/var/lib/mysql
    command: --default-authentication-plugin=mysql_native_password # MySQL8.0에서는 기
본값이 "caching_sha2_password"이라 드라이버가 비지원이므로 변경
    ports:
      - 33306:3306 # 호스트 머신의 33306번 포트를 docker의 3306번 포트에 연결
volumes:
  mysql_data:
```

이미 docker compose up으로 FastAPI가 실행된 상태라면, 중지하여 다시 docker compose up을
실행합니다.

ToDo 앱과 MySQL이 다음과 같이 동시에 실행됩니다.

$ docker compose up

```
[+] Running 12/12
. db Pulled                                          12.2s
. 197c1adcd755 Pull complete                          3.7s
...
```

```
. 6c8bdf3091d9 Pull complete                                              8.1s
[+] Running 2/2
. Container fastapi-book-example-demo-app-1 Created                       0.0s
. Container fastapi-book-example-db-1 Created                             0.2s


Attaching to fastapi-book-example-db-1, fastapi-book-example-demo-app-1
fastapi-book-example-db-1 ¦ 2023-02-12 19:12:33+09:00 [Note] [Entrypoint]: Entrypoint
script for MySQL Server 8.0.32-1.el8 started.
fastapi-book-example-demo-app-1 ¦ INFO: Will watch for changes in these directories:
['/src']
fastapi-book-example-demo-app-1 ¦ INFO: Uvicorn running on http://0.0.0.0:8000 (Press
CTRL+C to quit)
fastapi-book-example-demo-app-1 ¦ INFO: Started reloader process [1] using WatchFiles
fastapi-book-example-db-1 ¦ 2023-02-12 19:12:35+09:00 [Note] [Entrypoint]: Switching
to dedicated user 'mysql'
fastapi-book-example-db-1 ¦ 2023-02-12 19:12:35+09:00 [Note] [Entrypoint]: Entrypoint
script for MySQL Server 8.0.32-1.el8 started.
fastapi-book-example-demo-app-1 ¦ INFO: Started server process [11]
fastapi-book-example-demo-app-1 ¦ INFO: Waiting for application startup.
fastapi-book-example-demo-app-1 ¦ INFO: Application startup complete.
fastapi-book-example-db-1 ¦ '/var/lib/mysql/mysql.sock' -> '/var/run/mysqld/mysqld.
sock'
fastapi-book-example-db-1 ¦ 2023-02-12T10:12:40.187391Z 0 [Warning] [MY-011068]
[Server] The syntax '--skip-host-cache' is deprecated and will be removed in a future
release. Please use SET
GLOBAL host_cache_size=0 instead.
fastapi-book-example-db-1 ¦ 2023-02-12T10:12:40.195540Z 0 [Warning] [MY-010918]
[Server] 'default_authentication_plugin' is deprecated and will be removed in a future
release. Please use
authentication_policy instead.
fastapi-book-example-db-1 ¦ 2023-02-12T10:12:40.195944Z 0 [System] [MY-010116]
[Server] /usr/sbin/mysqld (mysqld 8.0.32) starting as process 1
fastapi-book-example-db-1 ¦ 2023-02-12T10:12:40.324031Z 1 [System] [MY-013576]
[InnoDB] InnoDB initialization has started.
fastapi-book-example-db-1 ¦ 2023-02-12T10:12:40.362461Z 1 [ERROR] [MY-012585] [InnoDB]
Linux Native AIO interface is not supported on this platform. Please check your OS
documentation and install appropriate binary of InnoDB.
```

```
fastapi-book-example-db-1 ¦ 2023-02-12T10:12:40.362908Z 1 [Warning] [MY-012654]
[InnoDB] Linux Native AIO disabled.
fastapi-book-example-db-1 ¦ 2023-02-12T10:12:40.876338Z 1 [System] [MY-013577]
[InnoDB] InnoDB initialization has ended.
fastapi-book-example-db-1 ¦ 2023-02-12T10:12:53.051913Z 4 [System] [MY-013381]
[Server] Server upgrade from '80027' to '80032' started.


fastapi-book-example-db-1 ¦ 2023-02-12T10:13:14.393500Z 4 [System] [MY-013381]
[Server] Server upgrade from '80027' to '80032' completed.
fastapi-book-example-db-1 ¦ 2023-02-12T10:13:14.696543Z 0 [Warning] [MY-010068]
[Server] CA certificate ca.pem is self signed.
fastapi-book-example-db-1 ¦ 2023-02-12T10:13:14.697201Z 0 [System] [MY-013602]
[Server] Channel mysql_main configured to support TLS. Encrypted connections are now
supported for this channel.
fastapi-book-example-db-1 ¦ 2023-02-12T10:13:14.703006Z 0 [Warning] [MY-011810]
[Server] Insecure configuration for --pid-file: Location '/var/run/mysqld' in the path
is accessible to all OS users.
Consider choosing a different directory.
fastapi-book-example-db-1 ¦ 2023-02-12T10:13:14.803093Z 0 [System] [MY-011323]
[Server] X Plugin ready for connections. Bind-address: '::' port: 33060, socket: /var/
run/mysqld/mysqlx.sock
fastapi-book-example-db-1 ¦ 2023-02-12T10:13:14.805180Z 0 [System] [MY-010931]
[Server] /usr/sbin/mysqld: ready for connections. Version: '8.0.32' socket: '/var/run/
mysqld/mysqld.sock' port: 3306 MySQL Community Server - GPL.
```

컨테이너 내 MySQL 데이터베이스에 접근할 수 있는지 확인합시다.

docker compose up이 실행된 상태에서 다른 터미널을 열고, 프로젝트 디렉터리에서 docker compose exec db mysql demo를 실행합니다.

다음처럼 MySQL 클라이언트가 실행되고 DB에 접속된 것을 확인할 수 있습니다.

```
# "db" 컨테이너 안에서 "mysql demo" 명령어를 실행
$ docker compose exec db mysql demo
```

```
Reading table information for completion of table and column names
You can turn off this feature to get a quicker startup with -A


Welcome to the MySQL monitor. Commands end with ; or \g.
Your MySQL connection id is 11
Server version: 8.0.32 MySQL Community Server - GPL


Copyright (c) 2000, 2023, Oracle and/or its affiliates.


Oracle is a registered trademark of Oracle Corporation and/or its affiliates. Other
names may be trademarks of their respective owners.


Type 'help;' or '\h' for help. Type '\c' to clear the current input statement.


mysql>
```

02

앱에서 DB에 접속하기 위한 준비

FastAPI 앱에서 MySQL에 접속하기 위해 준비합니다.

MySQL 클라이언트 설치

FastAPI에서는 MySQL과의 연결을 위해 sqlalchemy라는 ORM[Object-Relational Mapper] 라이브러리를 사용합니다. ORM은 객체지향 프로그래밍과 데이터베이스 간의 연결을 쉽게 해 주는 기술입니다. 이를 통해 데이터베이스의 데이터를 객체로 다루고, 객체를 데이터베이스에 저장하거나 조회할 수 있습니다. sqlalchemy는 파이썬에서는 상당히 대중적인 라이브러리로, Flask 등 다른 웹 프레임워크에서도 사용됩니다.

ORM이란?

ORM은 파이썬 객체를 MySQL과 같은 관계형 데이터베이스(RDBMS)의 데이터 구조로 변환합니다. MySQL의 경우 테이블 구조를 클래스로 정의하면 이를 읽거나 저장하는 SQL문을 발행해 줍니다.

이 책에서는 다루지 않지만, FastAPI에서는 Peewee라는 ORM도 지원합니다. 자세한 내용은 공식 문서 (https://fastapi.tiangolo.com/how-to/sql-databases-peewee/)를 참고하기 바랍니다.

sqlalchemy는 백엔드에 다양한 데이터베이스를 이용할 수 있습니다. 이번에는 MySQL 클라이언트로 pymysql도 함께 설치합니다. 5장과 마찬가지로 demo-app이 실행된 상태에서 poetry add를 실행하여 두 의존성 패키지를 설치합니다.

```
# "demo-app" 컨테이너에서 "poetry add sqlalchemy pymysql"을 실행
$ docker compose exec demo-app poetry add sqlalchemy pymysql
```

설치하면 pyproject.toml과 poetry.lock의 내용이 변경된 것을 확인할 수 있습니다(예제 11.2).

예제 11.2: pyproject.toml

```toml
[tool.poetry.dependencies]
python = "^3.11"
fastapi = "^0.91.0"
uvicorn = {extras = ["standard"], version = "^0.20.0"}
sqlalchemy = "^2.0.3"
pymysql = "^1.0.2"
```

DB 연결 함수

프로젝트 루트에 예제 11.3과 같이 api/db.py를 추가합니다.

예제 11.3: api/db.py

```python
from sqlalchemy import create_engine
from sqlalchemy.orm import sessionmaker, declarative_base

DB_URL = "mysql+pymysql://root@db:3306/demo?charset=utf8"

db_engine = create_engine(DB_URL, echo=True)
db_session = sessionmaker(autocommit=False, autoflush=False,
bind=db_engine)


Base = declarative_base()


def get_db():
    with db_session() as session:
        yield session
```

DB_URL에 정의한 MySQL의 Docker 컨테이너에 접속할 세션을 생성하고 있습니다.

라우터에서는 get_db() 함수로 이 세션을 가져와 DB에 접근할 수 있도록 합니다.

03
SQLAlchemy의 DB 모델 정의

FastAPI에 DB 모델을 정의합니다.

ToDo 앱을 위해 표 11.1, 표 11.2의 두 개의 테이블을 정의합니다.

표 11.1: tasks 테이블 정의

컬럼명	Type	비고
id	INT	primary, auto increment
title	VARCHAR(1024)	

표 11.2: dones 테이블 정의

컬럼명	Type	비고
id	INT	primary, auto increment, foreign key(task.id)

Tasks의 레코드는 작업 하나하나에 대응하며, dones는 Tasks 중 완료된 작업만 해당 Task와 동일한 id의 레코드를 가집니다.

여기서 Tasks의 id와 dones의 id는 1:1 매핑mapping(1:1 대응)으로 설정되어 있습니다.

보통 1:1 매핑의 경우 정규화 측면에서 하나의 테이블로 하는 경우가 많지만, 이 책에서는 Task와 done의 리소스를 명확하게 분리하여, 이해하기 쉽도록 별도의 테이블로 정의합니다.

예제 11.4와 같이 api/models/task.py를 작성합니다.

예제 11.4: api/models/task.py

파이썬

```python
from sqlalchemy import Column, Integer, String, ForeignKey
from sqlalchemy.orm import relationship

from api.db import Base
```

```python
class Task(Base):
    __tablename__ = "tasks"

    id = Column(Integer, primary_key=True)
    title = Column(String(1024))

    done = relationship("Done", back_populates="task", cascade="delete")


class Done(Base):
    __tablename__ = "dones"

    id = Column(Integer, ForeignKey("tasks.id"), primary_key=True)

    task = relationship("Task", back_populates="done")
```

Column은 테이블의 각 컬럼을 나타냅니다. 첫 번째 인수에는 컬럼의 타입을 전달합니다. 그리고 두 번째 인수 이후에 컬럼의 설정을 작성합니다. 위의 primary_key=True나 ForeignKey("tasks.id") 외에도, Null 제약 조건(nullable=False), Unique 제약 조건(unique=True) 등을 지원합니다.

relationship은 테이블(모델 클래스) 간의 관계를 정의합니다. 이를 통해 Task 객체에서 Done 객체를 참조하거나 그 반대도 가능해집니다.

cascade="delete"를 지정하면 12장에서 구현하는 DELETE /tasks/{task_id} 인터페이스에서 Task를 삭제할 때, 외부 키에 지정된 동일한 id의 done이 있으면 자동으로 삭제됩니다.

DB 마이그레이션

작성한 ORM 모델을 바탕으로 DB에 테이블을 생성하고, DB 마이그레이션(이관)용 스크립트를 작성합니다(예제 11.5).

예제 11.5: api/migrate_db.py

파이썬

```python
from sqlalchemy import create_engine

from api.models.task import Base
```

```python
DB_URL = "mysql+pymysql://root@db:3306/demo?charset=utf8"
engine = create_engine(DB_URL, echo=True)


def reset_database():
    Base.metadata.drop_all(bind=engine)
    Base.metadata.create_all(bind=engine)


if __name__ == "__main__":
    reset_database()
```

다음처럼 스크립트를 실행하여 Docker 컨테이너의 MySQL에 테이블을 작성합니다. 이미 같은
이름의 테이블이 있는 경우 삭제한 후 재작성됩니다.

```
# api 모듈의 migrate_db 스크립트를 실행
$ docker compose exec demo-app poetry run python -m api.migrate_db
```

```
2023-02-12 10:26:07,038 INFO sqlalchemy.engine.Engine SELECT DATABASE()
2023-02-12 10:26:07,038 INFO sqlalchemy.engine.Engine [raw sql] {}
2023-02-12 10:26:07,040 INFO sqlalchemy.engine.Engine SELECT @@sql_mode
2023-02-12 10:26:07,040 INFO sqlalchemy.engine.Engine [raw sql] {}
2023-02-12 10:26:07,040 INFO sqlalchemy.engine.Engine SELECT @@lower_case_table_names
2023-02-12 10:26:07,040 INFO sqlalchemy.engine.Engine [raw sql] {}
2023-02-12 10:26:07,041 INFO sqlalchemy.engine.Engine BEGIN (implicit)
2023-02-12 10:26:07,042 INFO sqlalchemy.engine.Engine DESCRIBE `demo`.`tasks`
2023-02-12 10:26:07,042 INFO sqlalchemy.engine.Engine [raw sql] {}
2023-02-12 10:26:07,046 INFO sqlalchemy.engine.Engine DESCRIBE `demo`.`dones`
2023-02-12 10:26:07,046 INFO sqlalchemy.engine.Engine [raw sql] {}
2023-02-12 10:26:07,047 INFO sqlalchemy.engine.Engine COMMIT
2023-02-12 10:26:07,048 INFO sqlalchemy.engine.Engine BEGIN (implicit)
2023-02-12 10:26:07,048 INFO sqlalchemy.engine.Engine DESCRIBE `demo`.`tasks`
2023-02-12 10:26:07,048 INFO sqlalchemy.engine.Engine [raw sql] {}
2023-02-12 10:26:07,049 INFO sqlalchemy.engine.Engine DESCRIBE `demo`.`dones`
2023-02-12 10:26:07,049 INFO sqlalchemy.engine.Engine [raw sql] {}
```

```
2023-02-12 10:26:07,050 INFO sqlalchemy.engine.Engine.Engine
CREATE TABLE tasks (
     id INTEGER NOT NULL AUTO_INCREMENT,
     title VARCHAR(1024),
     PRIMARY KEY (id)
)

2023-02-12 10:26:07,050 INFO sqlalchemy.engine.Engine [no key 0.00009s] {}
2023-02-12 10:26:07,082 INFO sqlalchemy.engine.Engine
CREATE TABLE dones (
     id INTEGER NOT NULL,
     PRIMARY KEY (id),
     FOREIGN KEY(id) REFERENCES tasks (id)
)

2023-02-12 10:26:07,083 INFO sqlalchemy.engine.Engine [no key 0.00012s] {}
2023-02-12 10:26:07,118 INFO sqlalchemy.engine.Engine COMMIT
```

이것으로 DB에 테이블이 생성되었습니다.

확인

실제로 테이블이 생성되었는지 확인합시다. docker compose up으로 컨테이너가 실행된 상태에서 MySQL 클라이언트를 실행합니다.

```
$ docker compose exec db mysql demo
```

다음처럼 SQL문을 입력하여 DB의 내용을 확인합니다.

mysql
```
mysql> SHOW TABLES;
+----------------+
| Tables_in_demo |
+----------------+
| dones          |
| tasks          |
+----------------+
```

```
2 rows in set (0.01 sec)

mysql> DESCRIBE tasks;
+-------+---------------+------+-----+---------+----------------+
| Field | Type          | Null | Key | Default | Extra          |
+-------+---------------+------+-----+---------+----------------+
| id    | int           | NO   | PRI | NULL    | auto_increment |
| title | varchar(1024) | YES  |     | NULL    |                |
+-------+---------------+------+-----+---------+----------------+
2 rows in set (0.05 sec)

mysql> DESCRIBE dones;
+-------+------+------+-----+---------+-------+
| Field | Type | Null | Key | Default | Extra |
+-------+------+------+-----+---------+-------+
| id    | int  | NO   | PRI | NULL    |       |
+-------+------+------+-----+---------+-------+
1 row in set (0.00 sec)
```

다음 장에서는 DB의 쓰기와 읽기 처리를 작성하고, API와 연결해 봅니다.

04

정리

11장에서는 다음을 설명했습니다.

- MySQL 컨테이너 실행
- 앱에서 DB에 접속하기 위한 준비
- SQLAlchemy의 DB 모델 정의

Chapter 12

DB 조작(CRUDs)

앞 장에서는 DB 접속 준비를 하고, ToDo 앱을 위한 DB 모델을 정의했습니다. 이 장에서는
드디어 DB의 읽기/쓰기 처리를 구현하고, 이를 API에 연결하여 동작을 확인합니다.

01

C: Create

Task 리소스를 구성하는 CRUD에서 첫 번째 C(Create)에 대해서 설명합니다.

처음에는 데이터가 존재하지 않으므로 POST /tasks부터 작성합니다.

CRUDs

라우터는 MVC^{Model View Controller}의 컨트롤러에 해당합니다. Rails 등 MVC 프레임워크에 익숙한 사람이라면 익숙하겠지만, 컨트롤러는 모델이나 뷰를 연결하기 때문에 비대해지기 쉽습니다(Fat Controller). 이를 피하기 위해 DB의 CRUD 조작 처리는 api/cruds/task.py에 작성합니다(예제 12.1).

예제 12.1: api/cruds/task.py

파이썬

```python
from sqlalchemy.orm import Session

import api.models.task as task_model
import api.schemas.task as task_schema


def create_task(db: Session, task_create:task_schema.TaskCreate) -> task_model.Task: ──❶
    task = task_model.Task(**task_create.dict()) ──────❷
    db.add(task)
    db.commit() ──────❸
    db.refresh(task) ──────❹
    return task ──────❺
```

작업의 흐름을 차례대로 적어 봅니다.

❶ 스키마 task_create: task_schema.TaskCreate를 인수로 받는다.

❷ 이를 DB 모델인 task_model.Task로 변환한다.

❸ DB에 커밋한다.

❹ DB의 데이터를 바탕으로 Task 인스턴스인 task를 업데이트한다(작성된 레코드의 ID를 가져옴).

❺ 생성한 DB 모델을 반환한다.

이것이 대략적인 흐름입니다.

라우터

앞에서 소개한 CRUD 정의를 이용하는 라우터는 예제 12.2, 예제 12.3처럼 다시 작성할 수 있습니다.

예제 12.2: api/routers/task.py

파이썬

```
-from fastapi import APIRouter
+from fastapi import APIRouter, Depends
+from sqlalchemy.orm import Session


+import api.cruds.task as task_crud
+from api.db import import get_db
```

예제 12.3: api/routers/task.py

파이썬

```
@router.post("/tasks", response_model=task_schema.TaskCreateResponse)
-async def create_task(task_body: task_schema.TaskCreate):
+async def create_task(task_body: task_schema.TaskCreate, db: Session = Depends(get_db)):
-    return task_schema.TaskCreateResponse(id=1, **task_body.dict())
+    return task_crud.create_task(db, task_body)
```

DB 모델과 응답 스키마 변환하기

요청 본문의 task_schema.TaskCreate와 응답 모델의 task_schema.TaskCreateResponse에 대해서는 9장에서 설명한 것과 같이, 요청에 대해 id만 부여하여 반환해야 합니다(예제 12.4).

예제 12.4: api/schemas/task.py

`파이썬`

```python
class TaskBase(BaseModel):
    title: str | None = Field(None, example="세탁소에 맡긴 것을 찾으러 가기")



class TaskCreate(TaskBase):
    pass



class TaskCreateResponse(TaskCreate):
    id: int

    class Config:
        orm_mode = True
```

여기서 orm_mode = True는 응답 스키마 TaskCreate Response가 암묵적으로 ORM에서 DB 모델의 객체를 받아들여, 응답 스키마로 변환한다는 것을 의미합니다.

그 증거로, 예제 12.3에서 task_crud.create_task(db, task_body)는 DB 모델의 task_model.Task를 반환하고 있지만, 동작 결과가 변하지 않는 것으로 보아 API가 올바르게 TaskCreateResponse로 변환하고 있음을 알 수 있습니다. 이는 내부적으로 TaskCreateResponse를 task_model.Task의 각 필드를 사용하여 초기화하여 구현하고 있습니다.

의존성 주입(DI)

예제 12.3에 등장하는 생소한 db: Session = Depends(get_db) 코드에 주목합시다.

Depends는 함수를 인수로 받아 의존성 주입^{Dependency Injection, DI}을 수행하는 메커니즘입니다. 의존성 주입은 객체가 직접 서비스를 찾거나 생성하는 대신, 외부로부터 필요한 서비스를 받아와 사용하는 소프트웨어 디자인 기법입니다. 객체는 해당 서비스를 외부에서 주입받아 사용하며, 이는 유연하고 재사용 가능한 코드를 작성하는 데 도움을 줍니다. 또한 get_db는 11장에서 정의한 DB 세션을 가져오는 함수입니다.

DB 접속 부분에 의존성 주입을 이용하여 비즈니스 로직과 DB가 밀접하게 결합되어 버리는 것을 방지할 수 있습니다. 또한 의존성 주입을 통해 db 인스턴스의 내용을 외부에서 오버라이드할 수 있으므로, 테스트 수행 시 get_db와 다른 연결 대상으로 교체하는 등의 작업이 프로덕션 코드를 수정하지 않아도 가능해집니다.

이와 같이 테스트를 용이하게 하는 구조는 14장에서 유닛 테스트를 작성할 때 다시 설명합니다.

동작 확인

Swagger UI에서 POST /tasks 엔드포인트에 접속해 봅니다. 'Execute'를 클릭할 때마다 id 값이 증가한 결과를 반환하는 것을 확인할 수 있습니다(그림 12.1).

그림 12.1 POST /tasks 동작 확인

02

R: Read

앞 절의 C(Create)를 통해 Task를 작성할 수 있게 되었으므로, 다음으로는 Task를 리스트로 받아오는 Read 엔드포인트를 생성합니다.

ToDo 앱에는 Task에 대해 Done 모델이 정의되어 있는데, Read를 통해 각각을 개별적으로 가져오는 것은 번거롭습니다. 이들을 조인^{join}하여 ToDo 작업에 Done 플래그가 부여된 상태의 리스트를 가져오는 엔드포인트를 만들어 봅니다.

CRUDs

join하므로 CRUD 정의가 조금 복잡해집니다(예제 12.5).

예제 12.5: api/cruds/task.py

파이썬

```python
from sqlalchemy import select
from sqlalchemy.engine import Result


def get_tasks_with_done(db: Session) -> list[tuple[int, str, bool]]:
    result: Result = db.execute( ————❶
        select( —————————————————————————————
            task_model.Task.id,
            task_model.Task.title,                          ❸
            task_model.Done.id.isnot(None).label("done"), ——❹
        ).outerjoin(task_model.Done) ——————————

    )
```

```
        return result.all() ────❷
```

사실 이 Result 인스턴스는 아직 DB 요청의 결과 전체를 가지고 있지 않습니다(예제 12.5 ❶). DB 레코드를 처리할 때 for 반복문 등으로 효율적으로 결과를 가져오기 위해 이터레이터^{iterator}로 정의되어 있습니다. 이번에는 반복문으로 다룰 만큼 무거운 처리가 없으므로 result.all() 호출로 모든 DB 레코드를 가져옵니다(예제 12.5 ❷).

select()로 필요한 필드를 지정하고, .outerjoin()으로 메인 DB 모델에 조인할 모델을 지정합니다(예제 12.5 ❸).

또한 11장 3절에서 dones 테이블은 Tasks 테이블과 동일한 ID를 가지며, ToDo 작업이 완료되었을 때만 레코드가 존재한다고 설명했습니다.

task_model.Done.id.isnot(None).label("done")에 의해 Done.id가 존재하면 done=True로, 존재하지 않으면 done=False로 조인한 레코드를 반환합니다(예제 12.5 ❹).

더 알아보기

SQLAlchemy 2.0

기존 1.x에서 문법이 크게 바뀐 메이저 업데이트로, 2023년 1월에 SQLAlchemy 2.0 버전이 출시됐습니다. SQLAlchemy 문서에 따르면 파이썬 2에서 파이썬 3로 업데이트하며 배운 것이 많으며, 버전 1.4 무렵부터 잘 준비된 버전 마이그레이션 프로세스가 제공된다고 합니다. 자세한 내용은 다음 글을 참고하세요.

• 참고: SQLAlchemy 2.0.0 Released

  URL https://www.sqlalchemy.org/blog/2023/01/26/sqlalchemy-2.0.0-released/

많은 인터페이스가 변경되었지만, 가장 큰 변화로 session.query()가 아닌 session.execute() 안에 select()를 사용하여 쿼리를 더욱 명시적으로 작성하는 것이 최신의 작성 방식이라고 합니다.

```
# 1.x에서 작성하는 방법
session.query(User).all()

# 2.0에서 작성하는 방법
session.execute(select(User)).scalars().all()
```

참고로 2.0 릴리스 시점에 session.query() 작성법 자체가 불가능해진 것은 아니며, 레거시한 작성법 으로써 남아 있습니다.

- 참고: Migrating to SQLAlchemy 2.0
  URL https://docs.sqlalchemy.org/en/14/changelog/migration_20.html

라우터

앞에서 작성한 CRUD 정의를 이용하는 라우터는, 12장 1절의 Create와 거의 동일하게 구현합니다(예제 12.6).

예제 12.6: api/routers/task.py

파이썬

```python
@router.get("/tasks", response_model=list[task_schema.Task])
async def list_tasks(db: Session = Depends(get_db)):
    return task_crud.get_tasks_with_done(db)
```

동작 확인

Create를 실행한 횟수만큼 ToDo 작업이 생성되고 있으며, 전체가 리스트로 반환됩니다.

또한 Tasks 테이블의 내용 뿐만 아니라 각 ToDo 작업의 완료 플래그인 done이 부여되어 있는 것을 알 수 있습니다. 아직 done 리소스의 엔드포인트를 정의하지 않았기 때문에 현재로서는 모두 false입니다(그림 12.2).

그림 12.2 GET /tasks 동작 확인

03

U: Update

> Task 리소스를 구성하는 CRUD에서 세 번째 U(Update)을 설명합니다.

Update도 Create와 거의 비슷하지만, 존재하는 Task에 대한 요청인지 여부를 확인하여, 존재하면 업데이트하고, 존재하지 않으면 404 오류를 반환하는 API로 만듭니다.

CRUDs

예제 12.7의 두 함수를 정의합니다.

예제 12.7: api/cruds/task.py

`파이썬`

```python
def get_task(db: Session, task_id: int) -> task_model.Task | None:
    result: Result = db.execute(
        select(task_model.Task).filter(task_model.Task.id == task_id)
    )
    return result.scalars().first()




def update_task(
    db: Session, task_create: task_schema.TaskCreate, original:task_model.Task
) -> task_model.Task:
    original.title = task_create.title
    db.add(original)
    db.commit()
    db.refresh(original)
    return original
```

get_task() 함수에서는 .filter() 메서드를 사용하여 SELECT~WHERE의 SQL 쿼리에 의해 대상을 좁혀주고 있습니다.

또한 Result는 select()에서 지정한 요소가 하나라도 튜플tuple 로 반환되므로, 튜플이 아닌 값으로 가져오는 과정이 별도로 필요합니다. scalars() 메서드를 이용하면 결과의 각 행에서 가져올 요소를 1개로 좁혀서 값을 가져올 수 있습니다.

튜플

파이썬에서 튜플은 변경할 수 없는(immutable) 시퀀스 자료형입니다. 여러 요소들을 괄호 안에 쉼표로 구분하여 나열한 것이며, 인덱스를 통해 각 요소에 접근할 수 있습니다. 튜플은 한 번 생성되면 요소를 추가, 삭제, 수정할 수 없지만, 여러 값을 묶어서 사용하고자 할 때 유용합니다. .append() 등 값을 변경하는 메소드는 사용할 수 없고, 조회를 하는 .count(), .index() 메소드만 사용할 수 있습니다.

update_task() 함수는 create_task() 함수와 거의 비슷하게 생겼습니다. original로 DB 모델을 받아 내용을 업데이트하여 반환하는 것이 유일한 차이점입니다.

라우터

앞에서 작성한 CRUD 정의를 이용하는 라우터는 예제 12.8과 같이 구현합니다.

예제 12.8: api/routers/task.py

파이썬

```python
from fastapi import APIRouter, Depends, HTTPException


@router.put("/tasks/{task_id}", response_model=task_schema.TaskCreateResponse)
async def update_task(
    task_id: int, task_body: task_schema.TaskCreate, db: Session = Depends(get_db)
):
    task = task_crud.get_task(db, task_id=task_id)
    if task is None:
        raise HTTPException(status_code=404, detail="Task not found")

    return task_crud.update_task(db, task_body, original=task)
```

여기서 HTTPException은 임의의 HTTP 상태 코드를 인수로 받을 수 있는 Exception 클래스입니다. 이번에는 404 Not Found를 지정하여 raise합니다. raise 문은 파이썬에서 예외를 명시적으로 발생시키는 데 사용됩니다. 예외는 프로그램 실행 중에 오류나 예상치 못한 상황을 나타내며, raise 문을 통해 개발자가 직접 원하는 시점에 예외를 발생시켜 예외 처리를 수행할 수 있습니다.

동작 확인

task_id=1의 제목(title)을 변경해 봅시다(그림 12.3).

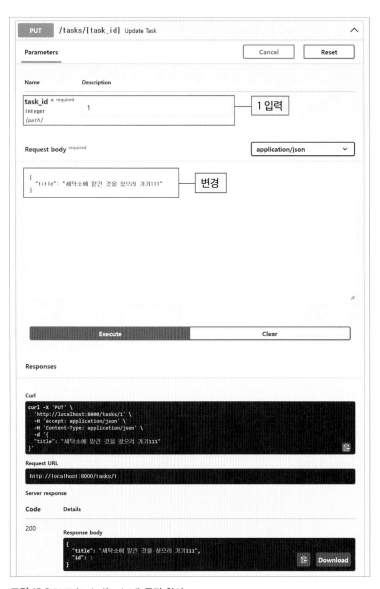

그림 12.3 PUT /tasks/{task_id} 동작 확인

12.2에서 정의한 Read 인터페이스를 실행하면 변경된 결과를 확인할 수 있습니다(그림 12.4).

그림 12.4 GET /tasks로 작업 업데이트 확인

04

D: Delete

CRUDs

Delete의 인터페이스도 Update와 거의 비슷합니다. 먼저 예제 12.7의 get_task() 함수를 실행한 후 delete_task() 함수를 실행합니다(예제 12.9).

예제 12.9: api/cruds/task.py

`파이썬`

```python
def delete_task(db: Session, original: task_model.Task) -> None:
    db.delete(original)
    db.commit()
```

라우터

앞에서 작성한 CRUD 정의를 이용하는 라우터는 예제 12.10처럼 구현합니다.

예제 12.10: api/routers/task.py

`파이썬`

```python
@router.delete("/tasks/{task_id}", response_model=None)
async def delete_task(task_id: int, db: Session = Depends(get_db)):
    task = task_crud.get_task(db, task_id=task_id)
    if task is None:
        raise HTTPException(status_code=404, detail="Task not found")

    return task_crud.delete_task(db, original=task)
```

동작 확인

task_id=2를 삭제해 봅니다(그림 12.5).

그림 12.5 DELETE /tasks/{task_id} 동작 확인

다시 실행하면 이미 삭제되었기 때문에 404 오류가 반환됩니다(그림 12.6).

그림 12.6 이미 삭제된 경우의 응답 내용

Read 인터페이스를 실행하면 삭제가 완료되었음을 확인할 수 있습니다(그림 12.7).

그림 12.7 GET /tasks로 삭제 확인

05

Done 리소스

Task 리소스와 관련된 Done 리소스를 설명합니다.

Task 리소스와 마찬가지로 Done 리소스도 정의해 봅니다.

CRUD(예제 12.11)와 라우터(예제 12.12)를 동시에 살펴봅니다.

예제 12.11: api/cruds/done.py

`파이썬`

```python
from sqlalchemy import select
from sqlalchemy.engine import Result
from sqlalchemy.orm import Session

import api.models.task as task_model


def get_done(db: Session, task_id: int) -> task_model.Done | None:
    result: Result = db.execute(
        select(task_model.Done).filter(task_model.Done.id == task_id)
    )
    return result.scalars().first()


def create_done(db: Session, task_id: int) -> task_model.Done:
    done = task_model.Done(id=task_id)
    db.add(done)
    db.commit()
    db.refresh(done)
    return done
```

```python
def delete_done(db: Session, original: task_model.Done) -> None:
    db.delete(original)
    db.commit()
```

예제 12.12: api/routers/done.py

파이썬

```python
from fastapi import APIRouter, HTTPException, Depends
from sqlalchemy.orm import Session

import api.schemas.done as done_schema
import api.cruds.done as done_crud
from api.db import get_db


router = APIRouter()


@router.put("/tasks/{task_id}/done", response_model=done_schema.DoneResponse)
async def mark_task_as_done(task_id: int, db: Session = Depends(get_db)):
    done = done_crud.get_done(db, task_id=task_id)
    if done is not None:
        raise HTTPException(status_code=400, detail="Done already exists")

    return done_crud.create_done(db, task_id)


@router.delete("/tasks/{task_id}/done", response_model=None)
async def unmark_task_as_done(task_id: int, db: Session = Depends(get_db)):
    done = done_crud.get_done(db, task_id=task_id)
    if done is None:
        raise HTTPException(status_code=404, detail="Done not found")

    return done_crud.delete_done(db, original=done)
```

응답 스키마가 필요하므로 api/schemas/done.py도 함께 작성합니다(예제 12.13).

예제 12.13: api/schemas/done.py

파이썬

```python
from pydantic import BaseModel




class DoneResponse(BaseModel):
    id: int

    class Config:
        orm_mode = True
```

조건에 따라 다음 동작을 하므로 주의해야 합니다.

• 완료 플래그가 설정되어 있지 않은 경우
  - PUT: 완료 플래그가 설정됨
  - DELETE: 플래그가 없으므로 404 오류를 반환
• 완료 플래그가 설정되어 있는 경우
  - PUT: 이미 플래그가 설정되어 있으므로 400 오류를 반환
  - DELETE: 완료 플래그를 지움

동작 확인

Done 리소스의 Update 인터페이스에서 존재하는 작업(Task)의 task_id를 입력해 실행한 뒤, Task 리소스의 Read 인터페이스를 실행하면 done 플래그가 변경된 것을 확인할 수 있습니다(그림 12.8).

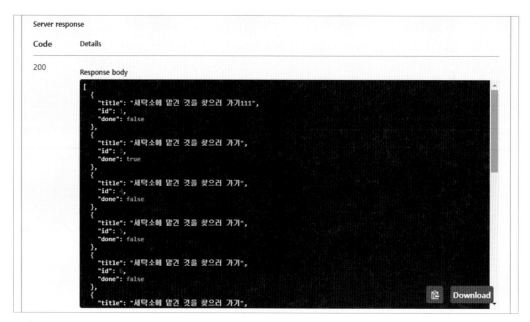

그림 12.8 GET /tasks로 done 플래그 동작 확인

06

최종 디렉터리 구성

최종 디렉터리 구성을 설명합니다.

축하합니다! 이제 ToDo 앱이 동작하는 데 필요한 파일을 모두 정의했습니다. 최종적으로 아래와 같은 파일 구성이 되어 있을 것입니다(그림 12.9).

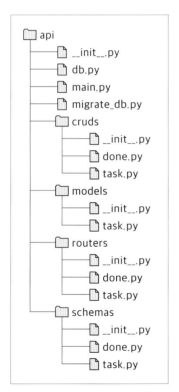

```
📁 api
   ├── 📄 __init__.py
   ├── 📄 db.py
   ├── 📄 main.py
   ├── 📄 migrate_db.py
   ├── 📁 cruds
   │      ├── 📄 __init__.py
   │      ├── 📄 done.py
   │      └── 📄 task.py
   ├── 📁 models
   │      ├── 📄 __init__.py
   │      └── 📄 task.py
   ├── 📁 routers
   │      ├── 📄 __init__.py
   │      ├── 📄 done.py
   │      └── 📄 task.py
   └── 📁 schemas
          ├── 📄 __init__.py
          ├── 📄 done.py
          └── 📄 task.py
```

그림 12.9 최종 api 디렉터리 구성

Swagger UI에서 모든 동작을 확인할 수 있습니다. 이대로도 문제없이 동작하지만, 다음 장에서는 FastAPI를 좀 더 빠르게 만들기 위해 지금까지 작성한 처리를 비동기화합니다. 또한 14장에서는 Swagger UI에서 동작을 확인하지 않아도 소스 코드 변경 시 버그를 조기에 발견할 수 있도록 유닛 테스트를 작성합니다.

07

정리

12장에서는 다음을 설명했습니다.

- C: Create
- R: Read
- U: Update
- D: Delete
- Done 리소스
- 최종 디렉터리 구성

Chapter 13

비동기화

12장에서 작성한 CRUDs 관련 코드를 비동기 처리에 대응하도록 수정해 봅니다.

01

비동기화의 이유

비동기화로 만드는 이유를 알아봅니다. 이 장에서는 앞으로도 FastAPI의 빠른 성능을 계속 누리기 위해, 데이터베이스 접근 부분을 비동기화합니다.

11장의 Models와 12장의 CRUDs 코드는 sqlalchemy의 백엔드인 MySQL을 이용하는 클라이언트로 pymysql을 이용했습니다. 하지만 pymysql은 파이썬의 비동기 처리 프레임워크인 asyncio를 지원하지 않아 병렬 처리가 쉽지 않습니다. 지금까지 작성한 코드도 충분히 빠르게 동작하지만, IO 바운드IO bound가 발생하는 무거운 데이터베이스 처리가 늘어나는 경우에는 병렬 처리하는 것이 효과적입니다. IO 바운드는 작업 중 I/O 대기 시간이 많은 프로세스를 의미하며, 파일 쓰기, 디스크 작업, 네트워크 통신과 같은 작업에서 발생하는데, 시스템과의 통신으로 인해 작업 속도가 결정됩니다.

성능 향상의 효과는 환경에 많이 좌우됩니다. 이 장에서 변경한 내용을 AWS에 배포한 애플리케이션을 대상으로 간단한 부하 테스트를 진행한 결과, ASGI 서버나 운영체제 등에 대한 특별한 튜닝을 하지 않고서도 시간당 처리량Throughput 성능이 약 38% 정도 향상되었습니다.

메모
SQLAlchemy와 비동기 처리

기존 SQLAlchemy의 ORM은 비동기 처리를 지원하지 않아 FastAPI의 async/await에 의한 이벤트 루프를 활용한 빠른 DB 처리를 할 수 없었습니다. ORM은 필요 시점까지 객체의 초기화를 연기하는 지연된 로딩(lazy loading)을 많이 사용하기 때문에 비동기 처리를 지원하기 어려웠고, 원래 SQLAlchemy의 하위 계층 구현인 SQLAlchemy Core에 의한 SQLAlchemy ORM보다 원시적인(primitive) 쓰기 방식(SQL문을 직접 쓰는 것에 가까운 쿼리 표기법)으로만 비동기 처리가 가능했습니다.

SQLAlchemy 버전 1.4부터 지원되는 버전 2.0식의 새로운 작성 방식(2.0 Style)에 따라, ORM으로 클래스를 정의한 경우에도 비동기 처리가 지원됩니다. 이 책에서는 이 작성법에 따라 고속의 DB 접근을 가능하게 합니다.

02

aiomysql 설치

asyncio에 대응하는 aiomysql을 설치합니다.

이 장에서는 비동기 처리를 지원하기 위해 aiomysql을 설치하여 사용합니다. 참고로 aiomysql은 pymysql 기반의 MySQL용 비동기 IO 처리를 제공하는 라이브러리이며, pymysql에 의존합니다.

11장 2절에서 설명한 MySQL 클라이언트 설치와 마찬가지로 demo-app이 실행된 상태에서 poetry add를 실행하여 aiomysql을 설치합니다.

```
# "demo-app" 컨테이너에서 "poetry add aiomysql" 실행
$ docker compose exec demo-app poetry add aiomysql
```

다음과 같은 로그가 나오면 설치가 완료된 것입니다.

```
Using version ^0.1.1 for aiomysql

Updating dependencies
Resolving dependencies... (0.4s)

Writing lock file

Package operations: 1 install, 0 updates, 0 removals

  • Installing aiomysql (0.1.1)
```

03

비동기 대응 DB 접속 함수

다음으로 DB 접속 함수를 비동기화합니다.

11장에서 준비한 api/db.py의 DB 접속 함수 get_db()를 비동기 대응 함수로 수정해 봅시다(예제 13.1).

예제 13.1: api/db.py

파이썬

```
-from sqlalchemy import create_engine
+from sqlalchemy.ext.asyncio import create_async_engine, AsyncSession
 from sqlalchemy.orm import sessionmaker, declarative_base


-DB_URL = "mysql+pymysql://root@db:3306/demo?charset=utf8"                 ❶
+ASYNC_DB_URL = "mysql+aiomysql://root@db:3306/demo?charset=utf8"


-db_engine = create_engine(DB_URL, echo=True)
-db_session = sessionmaker(autocommit=False, autoflush=False, bind=db_engine)

+async_engine = create_async_engine(ASYNC_DB_URL, echo=True)              ❷
+async_session = sessionmaker(
+    autocommit=False, autoflush=False, bind=async_engine, class_=AsyncSession
+)


 Base = declarative_base()
```

```
-def get_db():
-    with db_session() as session:
+async def get_db():
+    async with async_session() as session:
        yield session
```
❸

데이터베이스 연결에 사용하는 라이브러리가 pymysql에서 aiomysql로 변경되었습니다(예제 13.1 ❶). 비동기 대응 AsyncEngine을 생성하는 create_async_engine과 비동기 세션 클래스인 AsyncSession을 이용한 sessionmaker로 재작성합니다(예제 13.1 ❷). 마지막으로 get_db 함수 자체를 async에 대응시킵니다(예제 13.1 ❸).

참고로 migrate_db.py에서도 동일하게 create_engine을 호출하고 있습니다. 하지만 마이그레이션 작업은 자주 수행하거나 빠른 속도를 요구하는 작업이 아니기 때문에 비동기화할 필요는 없을 것입니다.

04

비동기 대응 CRUDs

> 다음으로 CRUDs를 비동기화합니다.

앞 장에서 준비한 CRUDs를 재작성합니다. api/cruds(예제 13.2), api/routers(예제 13.3) 모두
다시 작성해야 합니다.

C: Create

예제 13.2: api/cruds/task.py

`파이썬`

```python
from sqlalchemy import select
from sqlalchemy.engine import Result
from sqlalchemy.orm import Session
+from sqlalchemy.ext.asyncio import AsyncSession

...

-def create_task(db: Session, task_create: task_schema.TaskCreate) -> task_model.Task:
+async def create_task(
+    db: AsyncSession, task_create: task_schema.TaskCreate
+) -> task_model.Task:
    task = task_model.Task(**task_create.dict())
    db.add(task)
-    db.commit()
-    db.refresh(task)
+    await db.commit()
+    await db.refresh(task)
    return task
```

변경된 사항은 함수 정의가 async def로 변경된 점, db.commit()과 db.refresh(Task)에 await 가 붙은 점입니다. async def는 함수가 비동기 처리를 할 수 있는 코루틴coroutine 함수(이하 코루 틴)임을 나타냅니다.

여기서 await는 DB 접속(IO 처리)이 발생하므로, '대기 시간이 발생하는 처리를 할게요'라고 비 동기 처리를 알리는 역할을 합니다. 이를 통해 파이썬은 이 코루틴의 처리에서 일단 벗어나, 이벤 트 루프 내에서 다른 코루틴의 처리를 수행할 수 있게 됩니다. 이것이 비동기/병렬 처리의 핵심입 니다.

코루틴이란?

코루틴은 서브루틴(코루틴이 아닌 일반 함수)의 일반형입니다. def에 대해 async def이므로 오히려 특 수형이라고 생각할 수 있습니다. 일반 함수는 동기 처리만 가능하지만, 코루틴은 동기 처리와 비동기 처 리를 모두 할 수 있으므로 일반형입니다.

앞에서 준비한 CRUD 정의 create_task를 이용하는 라우터는 예제 13.3처럼 다시 작성할 수 있 습니다.

예제 13.3: api/routers/task.py

파이썬

```
from fastapi import APIRouter, Depends, HTTPException
from sqlalchemy.orm import Session
+from sqlalchemy.ext.asyncio import AsyncSession


...


-async def create_task(task_body: task_schema.TaskCreate, db: Session = Depends(get_db)):
-    return task_crud.create_task(db, task_body)
+async def create_task(
+    task_body: task_schema.TaskCreate, db: AsyncSession = Depends(get_db)
+):
+    return await task_crud.create_task(db, task_body)
```

라우터의 경로 동작 함수는 원래부터 코루틴으로 정의되어 있었습니다. task_crud.create_task()
가 await를 포함한 코루틴이므로, create_task()의 반환값도 await를 사용하여 돌려줍니다.

여기서 await를 지정하는 것을 잊어버리면 어떻게 될까요?

async def로 정의된 코루틴은 동기 처리도 가능하다고 설명했습니다. 따라서 파이썬은 문법 오류
가 발생하지 않습니다. 하지만 POST /tasks 엔드포인트에서 'Execute'를 하면 task_model.Task
대신 coroutine 자체를 응답으로 반환하려고 하므로, response에 id 필드가 없어서 응답 스키마
의 결함으로 다음과 같은 오류가 발생합니다.

```
pydantic.error_wrappers.ValidationError: 1 validation error for TaskCreateResponse
response -> id
  field required (type=value_error.missing)
```

마찬가지로 이 router 정의에서 await를 넣었더라도, 반대로 task_crud.create_task(db, task_
body)에서 db.commit()과 db.refresh()에 await를 붙이지 않으면, DB의 반환을 기다리지 않고
task_class.model.Task 클래스를 반환하려고 합니다. 그때 DB 호출 시 발급받아야 할 id가 아
직 할당되지 않아 다음과 같은 오류가 발생하므로 주의해야 합니다.

```
/src/api/cruds/task.py:33: RuntimeWarning: coroutine 'AsyncSession.commit' was never
awaited
  db.commit()
RuntimeWarning: Enable tracemalloc to get the object allocation traceback
/src/api/cruds/task.py:34: RuntimeWarning: coroutine 'AsyncSession.refresh' was never
awaited
  db.refresh(task)
RuntimeWarning: Enable tracemalloc to get the object allocation traceback
...
pydantic.error_wrappers.ValidationError: 1 validation error for TaskCreateResponse
response -> id
  none is not an allowed value (type=type_error.none.not_allowed)
```

R: Read

Create 이외의 CRUDs에 대해서도 동일하게 cruds(예제 13.4)와 routers(예제 13.5)의 각 파일을 변경합니다.

예제 13.4: api/cruds/task.py

파이썬

```
-def get_tasks_with_done(db: Session) -> list[tuple[int, str, bool]]:
+async def get_tasks_with_done(db: AsyncSession) -> list[tuple[int, str, bool]]:
-    result: Result = db.execute(
+    result: Result = await db.execute(
```

get_tasks_with_done() 함수 역시 create_task() 함수와 마찬가지로 코루틴이므로 async def 로 정의하고, await를 사용하여 Result를 가져옵니다(예제 13.5).

예제 13.5: api/routers/task.py

파이썬

```
@router.get("/tasks", response_model=list[task_schema.Task])
-async def list_tasks(db: Session = Depends(get_db)):
+async def list_tasks(db: AsyncSession = Depends(get_db)):
-    return task_crud.get_tasks_with_done(db)
+    return await task_crud.get_tasks_with_done(db)
```

U: Update

예제 13.6과 예제 13.7를 다시 작성합니다.

예제 13.6: api/cruds/task.py

파이썬

```
-def get_task(db: Session, task_id: int) -> task_model.Task | None:
-    result: Result = db.execute(
+async def get_task(db: AsyncSession, task_id: int) -> task_model.Task | None:
+    result: Result = await db.execute(
        select(task_model.Task).filter(task_model.Task.id == task_id)

...
```

```
-def update_task(
-    db: Session, task_create: task_schema.TaskCreate, original: task_model.Task
+async def update_task(
+    db: AsyncSession, task_create: task_schema.TaskCreate, original: task_model.Task
) -> task_model.Task:
    original.title = task_create.title
    db.add(original)
-    db.commit()
-    db.refresh(original)
+    await db.commit()
+    await db.refresh(original)
    return original
```

예제 13.7: api/routers/task.py

파이썬

```
@router.put("/tasks/{task_id}", response_model=task_schema.TaskCreateResponse)
async def update_task(
-    task_id: int, task_body: task_schema.TaskCreate, db: Session = Depends(get_db)
+    task_id: int, task_body: task_schema.TaskCreate, db: AsyncSession = Depends(get_db)
):
-    task = task_crud.get_task(db, task_id=task_id)
+    task = await task_crud.get_task(db, task_id=task_id)
    if task is None:
        raise HTTPException(status_code=404, detail="Task not found")

-    return task_crud.update_task(db, task_body, original=task)
+    return await task_crud.update_task(db, task_body, original=task)
```

D: Delete

예제 13.8과 예제 13.9를 다시 작성합니다.

예제 13.8: api/cruds/task.py

파이썬

```
-from sqlalchemy.orm import Session
```

```
...

-def delete_task(db: Session, original: task_model.Task) -> None:
-    db.delete(original)
-    db.commit()
+async def delete_task(db: AsyncSession, original: task_model.Task) -> None:
+    await db.delete(original)
+    await db.commit()
```

예제 13.9: api/routers/task.py

파이썬

```
-from sqlalchemy.orm import Session

...

@router.delete("/tasks/{task_id}", response_model=None)
-async def delete_task(task_id: int, db: Session = Depends(get_db)):
-    task = task_crud.get_task(db, task_id=task_id)
+async def delete_task(task_id: int, db: AsyncSession = Depends(get_db)):
+    task = await task_crud.get_task(db, task_id=task_id)
    if task is None:
        raise HTTPException(status_code=404, detail="Task not found")

-    return task_crud.delete_task(db, original=task)
+    return await task_crud.delete_task(db, original=task)
```

Done 리소스

Done 리소스도 다시 작성합니다(예제 13.10, 예제 13.11).

예제 13.10: api/cruds/done.py

파이썬

```
from sqlalchemy import select
from sqlalchemy.engine import Result
-from sqlalchemy.orm import Session
+from sqlalchemy.ext.asyncio import AsyncSession
```

```
import api.models.task as task_model


-def get_done(db: Session, task_id: int) -> task_model.Done | None:
-    result: Result = db.execute(
+async def get_done(db: AsyncSession, task_id: int) -> task_model.Done | None:
+    result: Result = await db.execute(
        select(task_model.Done).filter(task_model.Done.id == task_id)
    )
    return result.scalars().first()


-def create_done(db: Session, task_id: int) -> task_model.Done:
+async def create_done(db: AsyncSession, task_id: int) -> task_model.Done:
    done = task_model.Done(id=task_id)
    db.add(done)
-    db.commit()
-    db.refresh(done)
+    await db.commit()
+    await db.refresh(done)
    return done


-def delete_done(db: Session, original: task_model.Done) -> None:
-    db.delete(original)
-    db.commit()
+async def delete_done(db: AsyncSession, original: task_model.Done) -> None:
+    await db.delete(original)
+    await db.commit()
```

예제 13.11: api/routers/done.py

파이썬

```
from fastapi import APIRouter, HTTPException, Depends
-from sqlalchemy.orm import Session
+from sqlalchemy.ext.asyncio import AsyncSession
```

```
...

@router.put("/tasks/{task_id}/done", response_model=done_schema.DoneResponse)
-async def mark_task_as_done(task_id: int, db: Session = Depends(get_db)):
-    done = done_crud.get_done(db, task_id=task_id)
+async def mark_task_as_done(task_id: int, db: AsyncSession = Depends(get_db)):
+    done = await done_crud.get_done(db, task_id=task_id)
    if done is not None:
        raise HTTPException(status_code=400, detail="Done already exists")


-    return done_crud.create_done(db, task_id)
+    return await done_crud.create_done(db, task_id)



@router.delete("/tasks/{task_id}/done", response_model=None)
-async def unmark_task_as_done(task_id: int, db: Session = Depends(get_db)):
-    done = done_crud.get_done(db, task_id=task_id)
+async def unmark_task_as_done(task_id: int, db: AsyncSession = Depends(get_db)):
+    done = await done_crud.get_done(db, task_id=task_id)
    if done is None:
        raise HTTPException(status_code=404, detail="Done not found")

-    return done_crud.delete_done(db, original=done)
+    return await done_crud.delete_done(db, original=done)
```

마지막으로, 변경한 모든 엔드포인트에 대해 오류 없이 변경 전의 응답을 얻을 수 있는지 Swagger UI로 동작을 확인해 둡니다.

다음 장에서는 이 장에서 비동기화한 코드를 기반으로 유닛 테스트를 작성합니다.

05

정리

13장에서는 다음을 설명했습니다.

- 비동기화의 이유
- aiomysql 설치
- 비동기 대응 DB 연결 함수
- 비동기 대응 CRUDs

Chapter 14

유닛 테스트

마지막으로 지금까지 작성한 코드를 시험하는 테스트 코드를 작성합니다. 유닛 테스트 자체가 사양을 나타내는 문서가 될 수 있습니다. FastAPI는 실제 데이터로 동작하며, 그 자체로 강력한 문서가 되는 Swagger UI를 제공합니다.

하지만 코드 변경 시, Swagger UI만으로 모든 동작을 확인하기는 어렵습니다. 코드의 리그레션(regression)을 체크하는 유닛 테스트를 작성하는 것은 매우 중요합니다. 회귀 테스트는 이전에 해결된 오류가 다시 발생하는지 확인하기 위해 실행되는 테스트로, 변경된 코드나 기능에서 이전에 수정된 문제가 재현되는지를 검증하여 버그를 발견하고 수정하는 데 사용됩니다.

01

테스트 관련 라이브러리 설치

먼저 테스트에 필요한 라이브러리를 설치합니다.

DB를 중심으로 비동기 처리를 하므로, 테스트도 비동기 처리에 대응해야 합니다. 몇 가지 파이썬 라이브러리를 설치합니다.

이 책에서는 파이썬에서 유명한 유닛 테스트 프레임워크인 pytest를 사용합니다. pytest를 비동 기용으로 확장하는 pytest-asyncio를 설치합니다.

DB의 경우, 앞 장의 프로덕션 코드에서는 MySQL을 사용했습니다. 하지만 테스트할 때마다 MySQL에 데이터베이스를 작성하고 삭제하면 Docker에 의해 환경이 제한되어 있다고는 해도 오버헤드가 큽니다. 따라서 여기서는 파일 기반의 SQLite를 베이스로 한 SQLite의 온메모리 모 드를 사용합니다.

MySQL의 비동기 클라이언트로 aiomysql을 설치한 것과 마찬가지로, SQLite의 비동기 클라이 언트로 aiosqlite를 설치합니다.

이 장의 유닛 테스트에서는 정의한 FastAPI의 함수를 직접 호출하지 않고 HTTP 인터페이스를 사용하여 실제 요청과 응답을 검증합니다. 이를 위해 필요한 비동기 HTTP 클라이언트 httpx를 설치합니다.

docker compose up을 실행해 demo-app이 동작된 상태에서 다음 명령을 실행합니다.

```
$ docker compose exec demo-app poetry add -G dev pytest-asyncio aiosqlite httpx
```

여기서 -G는 Poetry의 의존 라이브러리를 그룹화하는 옵션입니다. 이번에는 -G dev로 dev 그룹 을 지정하여 프로덕션 환경의 일반적인 배포에서는 건너뛰는, 테스트나 개발 시 로컬 환경에서만 사용할 라이브러리를 설치합니다. 이를 통해 프로덕션 환경에서는 불필요한 라이브러리를 설치하 지 않아도 되고, 컨테이너로 설치하는 경우에도 컨테이너의 이미지 크기를 줄이고 빌드 시간을 단축할 수 있습니다.

위 명령어로 각 라이브러리가 설치되어 pyproject.toml과 poetry.lock이 업데이트됩니다.

예제 14.1: pyproject.toml

```toml
[tool.poetry]
name = "demo-app"
version = "0.1.0"
description = ""
authors = ["Your Name <you@example.com>"]
readme = "README.md"
packages = [{include = "demo_app"}]


[tool.poetry.dependencies]
python = "^3.11"
fastapi = "^0.91.0"
uvicorn = {extras = ["standard"], version = "^0.20.0"}
sqlalchemy = "^2.0.3"
pymysql = "^1.0.2"
aiomysql = "^0.1.1"



[tool.poetry.group.dev.dependencies]
pytest-asyncio = "^0.20.3"
aiosqlite = "^0.18.0"
httpx = "^0.23.3"


[build-system]
requires = ["poetry-core"]
build-backend = "poetry.core.masonry.api"
```

예제 14.1처럼 [tool.poetry.group.dev.dependencies]에 라이브러리가 추가됩니다.

02

DB 접속 및 테스트 클라이언트 준비

DB 접속 및 테스트 클라이언트 준비에 대해 설명합니다.

유닛 테스트를 위해 프로젝트 바로 아래에 tests 디렉터리를 작성합니다.

빈 파일인 __init__.py와 테스트 파일인 test_main.py를 생성합니다. 결과적으로 그림 14.1과 같은 디렉터리 구성이 됩니다.

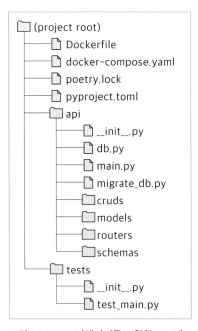

```
(project root)
    Dockerfile
    docker-compose.yaml
    poetry.lock
    pyproject.toml
    api
        __init__.py
        db.py
        main.py
        migrate_db.py
        cruds
        models
        routers
        schemas
    tests
        __init__.py
        test_main.py
```

그림 14.1 tests 디렉터리를 포함한 프로젝트 디렉터리 구성

먼저 pytest의 픽스처fixture를 정의합니다(예제 14.2). 픽스처는 테스트에서 반복적으로 사용되는 설정이나 데이터를 한 곳에 모아 관리하는 개념입니다.

픽스처는 테스트 함수의 전처리나 후처리를 정의하는 함수로, xUnit 계열의 유닛 테스트 도구에서 말하는 setup()이나 teardown()에 해당하는데, 파이썬에는 yield 문이 있으므로, 이들을 하나의 함수로 묶어 정의할 수 있습니다. 여기서는 pytest-asyncio를 사용하므로 픽스처 함수에는 @pytest_asyncio.fixture 데코레이터를 부여합니다.

테스트용으로 DB 연결을 모두 정의해야 하므로 조금 복잡합니다. 다음과 같은 작업을 수행합니다.

1. 비동기식 DB 접속용 engine과 session을 작성
2. 테스트용으로 온메모리 SQLite 테이블을 초기화(함수별로 재설정)
3. DI로 FastAPI가 테스트용 DB를 참조하도록 변경
4. 테스트용으로 비동기 HTTP 클라이언트를 반환

예제 14.2: tests/test_main.py

파이썬

```python
import pytest
import pytest_asyncio
from httpx import AsyncClient
from sqlalchemy.ext.asyncio import create_async_engine, AsyncSession
from sqlalchemy.orm import sessionmaker

from api.db import get_db, Base
from api.main import app

ASYNC_DB_URL = "sqlite+aiosqlite:///:memory:"


@pytest_asyncio.fixture
async def async_client() -> AsyncClient:
    # 비동기식 DB 접속을 위한 엔진과 세션을 작성
    async_engine = create_async_engine(ASYNC_DB_URL, echo=True)
    async_session = sessionmaker(
        autocommit=False, autoflush=False, bind=async_engine, class_=AsyncSession
    )

    # 테스트용으로 온메모리 SQLite 테이블을 초기화(함수별로 재설정)
    async with async_engine.begin() as conn:
        await conn.run_sync(Base.metadata.drop_all)
        await conn.run_sync(Base.metadata.create_all)
```

```
# 의존성 주입으로 FastAPI가 테스트용 DB를 참조하도록 변경
async def get_test_db():
    async with async_session() as session:
        yield session


app.dependency_overrides[get_db] = get_test_db ————❶


# 테스트용으로 비동기 HTTP 클라이언트를 반환
async with AsyncClient(app=app, base_url="http://test") as client:
    yield client
```

여기서 중요한 것은 12장에서 설명한 get_db의 오버라이드입니다.

라우터는 예제 14.3과 같이 정의했습니다.

예제 14.3: api/routers/task.py

파이썬

```
@router.post("/tasks", response_model=task_schema.TaskCreateResponse)
async def create_task(
    task_body: task_schema.TaskCreate, db: AsyncSession = Depends(get_db)
):
```

get_db 함수는 일반적으로 api/db.py에서 가져오는 함수입니다. 하지만 픽스처에서 app.dependency_overrides[get_db] = get_test_db로 정의함으로써, 위의 API가 호출될 때 get_db 대신 get_test_db를 사용하도록 오버라이드하고 있습니다(예제 14.2 ❶). 덕분에 유닛 테스트를 위해 프로덕션 코드인 router의 내용을 다시 작성할 필요가 없습니다. 이것이 바로 의존성 주입의 힘입니다.

03 ──────────
테스트 작성하기(1)

첫 번째 테스트 함수를 작성합니다.

이제 실제로 테스트 코드를 작성합니다.

비동기 pytest 함수로, @pytest.mark.asyncio 데코레이터를 가진 async def로 시작하는 코루틴을 작성합니다(예제 14.4).

예제 14.4: tests/test_main.py

파이썬

```python
import starlette.status


@pytest.mark.asyncio
async def test_create_and_read(async_client):
    response = await async_client.post("/tasks", json={"title": "테스트 작업"})——❶
    assert response.status_code == starlette.status.HTTP_200_OK
    response_obj = response.json()
    assert response_obj["title"] == "테스트 작업"

    response = await async_client.get("/tasks")——❷
    assert response.status_code == starlette.status.HTTP_200_OK
    response_obj = response.json()
    assert len(response_obj) == 1
    assert response_obj[0]["title"] == "테스트 작업"
    assert response_obj[0]["done"] is False
```

함수의 인수에 test_create_and_read(async_client)로 방금 정의한 async_client 픽스처를 정의합니다. 그러면 픽스처의 반환값이 들어간 상태에서 함수가 실행되므로 async_client.post()와 같이 클라이언트를 이용할 수 있습니다.

이 함수에서는 먼저 POST 호출을 통해 ToDo 작업을 생성하고(예제 14.4 ❶), 이어서 GET 호출을 통해 생성한 ToDo 작업을 확인합니다(예제 14.4 ❷).

각각 처음에 json={"title": "test Task"}로 전달한 작업(Task)이 반환되는 것을 확인할 수 있습니다.

04
테스트 작성하기(2)

두 번째 테스트 함수를 작성합니다.

다음으로 완료 플래그를 이용한 테스트도 추가해 봅니다.

12장에서 설명한 것처럼 완료 플래그의 ON/OFF를 여러 번 호출했을 때 올바른 상태 코드가 반환되는지 시나리오를 만들어 테스트해 보겠습니다(예제 14.5).

예제 14.5: tests/test_main.py

`파이썬`

```python
@pytest.mark.asyncio
async def test_done_flag(async_client):
    response = await async_client.post("/tasks", json={"title": "테스트 작업2"})
    assert response.status_code == starlette.status.HTTP_200_OK
    response_obj = response.json()
    assert response_obj["title"] == "테스트 작업2"

    # 완료 플래그 설정
    response = await async_client.put("/tasks/1/done")
    assert response.status_code == starlette.status.HTTP_200_OK

    # 이미 완료 플래그가 설정되어 있으므로 400을 반환
    response = await async_client.put("/tasks/1/done")
    assert response.status_code == starlette.status.HTTP_400_BAD_REQUEST

    # 완료 플래그 해제
    response = await async_client.delete("/tasks/1/done")
    assert response.status_code == starlette.status.HTTP_200_OK
```

```
# 이미 완료 플래그가 해제되었으므로 404를 반환
response = await async_client.delete("/tasks/1/done")
assert response.status_code == starlette.status.HTTP_404_NOT_FOUND
```

이 테스트는 비동기 HTTP 클라이언트(async_client)를 사용하여 Tasks 엔드포인트에 대한 다양한 동작을 확인하고 있습니다.

테스트가 시작될 때, /tasks 엔드포인트에 POST 요청을 보내 "테스트 작업2"라는 제목을 갖는 작업을 생성합니다. 그 후, 생성된 작업에 대한 응답이 200 OK이며, 제목이 "테스트 작업2"인지 확인합니다.

다음으로 /tasks/1/done 엔드포인트에 PUT 요청을 보내 완료 플래그를 설정합니다. 이때 응답이 200 OK인지 확인합니다. 그리고 다시 같은 엔드포인트에 PUT 요청을 보내 완료 플래그가 이미 설정되어 있으므로 400 BAD REQUEST를 예상하고 있습니다.

그 후 /tasks/1/done 엔드포인트에 DELETE 요청을 보내 완료 플래그를 해제합니다. 이때 응답이 200 OK인지 확인합니다. 그리고 다시 같은 엔드포인트에 DELETE 요청을 보내 완료 플래그가 이미 해제되어 있으므로 404 NOT FOUND를 예상하고 있습니다.

05

테스트 실행하기

작성한 테스트를 실행해 봅니다.

마지막으로 지금까지 작성한 테스트를 실행합니다.

프로젝트의 루트 디렉터리에서 다음 명령어를 실행합니다.

```
$ docker compose run --entrypoint "poetry run pytest" demo-app
```

테스트가 성공하면 아래와 같이 {테스트 수} passed라고 표시되며 종료됩니다.

실패하면 {실패한 테스트 수} failed, {성공한 테스트 수} passed가 동시에 표시됩니다.

```
============================== test session starts ==============================
platform linux -- Python 3.11.2, pytest-7.2.1, pluggy-1.0.0
rootdir: /src
plugins: anyio-3.6.2, asyncio-0.20.3
asyncio: mode=Mode.STRICT
collected 2 items

tests/test_main.py ..                                                    [100%]

=============================== 2 passed in 0.24s ===============================
```

06

parametrize 테스트

여러 개의 테스트 케이스를 하나의 테스트로 다루기 위해 parametrize 테스트를 도입합니다.

지금까지 작성한 유닛 테스트의 응용으로, 마지막으로 parametrize 테스트에 대해 소개합니다. parametrize 테스트는 동일한 테스트를 여러 입력 값 또는 조건에 대해 반복하여 실행할 수 있도록 도와줍니다.

parametrize 테스트는 여러 개의 테스트 케이스를 하나의 함수로 다루고 싶을 때 힘을 발휘합니다. 처음에는 parametrize를 사용하지 않고 테스트를 작성하고, parametrize로 다시 작성해 봅니다.

더 알아보기

테스트 코드 베끼기는 나쁜 것일까?

유닛 테스트를 작성하다 보면, 복사 및 붙여넣기를 통해 비슷한 테스트를 양산하는 상황에 빠질 수 있습니다.

코드를 작성할 때는 DRY 원칙(Don't Repeat Yourself)에 따라 비슷한 코드를 작성하지 않고 중복되는 부분은 공통화(하나로 묶는 것)가 기본이지만, 유닛 테스트에 있어서는 복사하여 붙여 넣는 것이 꼭 나쁘다고만 할 수는 없습니다.

코드가 변경되었을 때 리그레션을 발견하기 위해 지속적 통합(Continuous Integration)을 이용하여 자동으로 테스트가 돌아가도록 하는 경우가 많습니다. 테스트가 실패했을 때 어디서 테스트가 실패했는지 즉시 발견하고 싶은데, 막상 실패한 테스트를 보러 갔을 때 코드 중복을 막으려 테스트가 고도로 추상화되어 있어서 애초에 무슨 테스트인지 알 수 없는 경우도 있습니다. 또한 테스트 대상인 production 코드를 디버깅하기 전에 테스트 코드를 이해하는 데 시간이 걸리는, 본말전도인 상황이 될 수 있습니다. 가능한 한 단순하게 관련 코드가 한 곳에 모여 있는 코드가 디버깅하기 쉽습니다.

테스트 코드를 베끼는 것은 어느 정도 어쩔 수 없지만, 복사 및 붙여넣기를 많이 사용하면 코드의 양이 많아지고 가독성이 떨어지는 것은 피할 수 없습니다. 위와 같은 고도의 추상화 없이도 테스트 코드의 공통화가 유리하게 작용하는 경우가 있습니다. 테스트 대상 호출 처리는 공통이지만 테스트 입출력 파라미터만 다른 경우인데, 이럴 때 parametrize가 힘을 발휘합니다.

준비: Task에 기한 설정하기

10장에서 정의한 작업(Task)에 기한을 설정하도록 해 봅니다. 예를 들면 그림 14.2와 같이 ToDo의 각 작업에 개별 기한을 날짜별로 설정하는 이미지입니다.

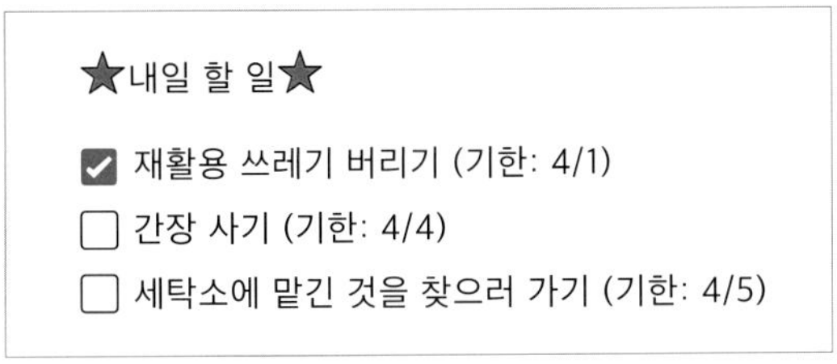

★내일 할 일★

☑ 재활용 쓰레기 버리기 (기한: 4/1)
☐ 간장 사기 (기한: 4/4)
☐ 세탁소에 맡긴 것을 찾으러 가기 (기한: 4/5)

그림 14.2 ToDo 앱에 기한이 설정된 이미지

10장의 스키마에서 정의한 TaskBase를 예제 14.6과 같이 다시 작성합니다.

예제 14.6: api/schemas/task.py

```python
+import datetime
 from pydantic import BaseModel, Field

 ...

 class TaskBase(BaseModel):
     title: str | None = Field(None, example="세탁소에 맡긴 것을 찾으러 가기")
+    due_date: datetime.date | None = Field(None, example="2024-12-01")
```

여기서 새로운 필드 due_date는 date 타입을 취하기로 합니다. 11.3.1에서 작성한 DB 마이그레이션 스크립트를 실행하면 변경된 정보가 반영됩니다(이미 같은 이름의 테이블이 있는 경우 삭제 후 재작성됩니다).

```
$ docker compose exec demo-app poetry run python -m api.migrate_db
```

새로운 필드에 대응하는 DB 모델과 CRUD를 변경합니다(예제 14.7).

예제 14.7: api/models/task.py

파이썬

```
-from sqlalchemy import Column, Integer, String, ForeignKey
+from sqlalchemy import Column, Integer, String, ForeignKey, Date


 ...


 class Task(Base):
   __tablename__ = "tasks"


   id = Column(Integer, primary_key=True)
   title = Column(String(1024))
+    due_date = Column(Date)
```

api/cruds/task.py

파이썬

```
async def get_tasks_with_done(db: AsyncSession) -> list[tuple[int, str, bool]]:
  result: Result = await db.execute(
    select(
      task_model.Task.id,
      task_model.Task.title,
+      task_model.Task.due_date,
      task_model.Done.id.isnot(None).label("done"),


 ...


async def update_task(
  db: AsyncSession, task_create: task_schema.TaskCreate, original: task_model.Task
) -> task_model.Task:
  original.title = task_create.title
+  original.due_date = task_create.due_date
  db.add(original)
```

이 장의 '테스트 작성하기(1)'에서 작성한 test_create_and_read() 함수를 바탕으로 리스트 14.8 과 같이 test_due_date() 함수를 작성합니다. 원래 함수를 복사하여 사용해도 됩니다.

예제 14.8: tests/test_main.py

파이썬

```python
@pytest.mark.asyncio
async def test_due_date(async_client):
    response = await async_client.post("/tasks", json={"title": "테스트 작업", "due_
date": "2024-12-01"})
    assert response.status_code == starlette.status.HTTP_200_OK
```

이제 실행해 봅니다.

pytest는 -k 옵션으로 특정 테스트 함수만 지정할 수 있습니다.

```
$ docker compose run --entrypoint "poetry run pytest -k test_due_date" demo-app
```

실행하면 문제 없이 통과되는 것을 확인할 수 있습니다.

```
======================= 1 passed, 2 deselected in 0.60s =======================
```

이제 이 테스트를 의도적으로 fail로 만들어 보겠습니다. 여기까지는 title에 대한 테스트와 거의 비슷했지만, 이번에는 date 타입을 지정하므로 예제 14.9처럼 달력에 존재하지 않는 잘못된 날짜(2024-12-32를 입력, 32일은 존재하지 않음)를 주면 오류가 발생하는 것을 확인할 수 있습니다.

예제 14.9: tests/test_main.py

파이썬

```python
@pytest.mark.asyncio
 async def test_due_date(async_client):
    response = await async_client.post("/tasks", json={"title": "테스트 작업", "due_
date": "2024-12-01"})
    assert response.status_code == starlette.status.HTTP_200_OK


+    response = await async_client.post("/tasks", json={"title": "테스트 작업", "due_
date": "2024-12-32"})
+    assert response.status_code == starlette.status.HTTP_200_OK
```

이 코드를 실행하면 다음과 같은 오류와 함께 fail이 발생합니다.

```
FAILED tests/test_main.py::test_due_date - AssertionError: assert 422 == 200
```

parametrize 테스트　　**175**

422 오류는 HTTP 상태 코드에서 "Unprocessable Entity"를 의미하며, FastAPI에서 정의한 스키마(이번에는 요청의 타입)를 위반하여 발생한 오류입니다.

오류에 대한 자세한 내용은 응답 내용에서 확인할 수 있습니다.

오류가 발생한 assert의 앞에, 응답 내용 response.content를 출력하도록 변경합니다(예제 14.10).

예제 14.10: tests/test_main.py

파이썬

```
@pytest.mark.asyncio
async def test_due_date(async_client):
    ...

    response = await async_client.post("/tasks", json={"title": "테스트 작업", "due_
date": "2024-12-32"})
+   print(response.content)
    assert response.status_code == starlette.status.HTTP_200_OK
```

다시 테스트를 실행하면 오류에 대한 자세한 내용을 확인할 수 있습니다.

```
---------------------------- Captured stdout call ----------------------------
b'{"detail":[{"loc":["body","due_date"],"msg":"invalid date format", "type":"value_
error.date"}]}'
```

필수 파라미터인 due_date가 잘못된 날짜 형식("invalid date format")이라고 지적받는 것을 알 수 있습니다.

새로 추가한 필드에서 유효성 검사가 오류가 발생하는 것을 확인했으므로 테스트를 통과하도록 어설션[assertion]을 422 오류로 변경하고, 방금 추가한 print() 문은 불필요하므로 삭제합니다(예제 14.11).

예제 14.11: tests/test_main.py

파이썬

```
@pytest.mark.asyncio
async def test_due_date(async_client):
    ...
    response = await async_client.post("/tasks", json={"title": "테스트 작업", "due_
```

```
      date": "2024-12-32"})
-     print(response.content)
-     assert response.status_code == starlette.status.HTTP_200_OK
+     assert response.status_code == starlette.status.HTTP_422_UNPROCESSABLE_ENTITY
```

메모
어설션

어설션은 특정 지점에서 프로그램이 예상대로 동작하는지 확인하기 위한 논리식이나 조건을 말합니다. 주로 프로그래머가 개발한 코드가 올바르게 동작하는지 검증하기 위해 사용됩니다. 이는 해당 지점에서 프로그램의 상태나 조건이 개발자가 예상한 대로인지를 확인하는 데 도움을 줍니다.

어설션은 보통 두 가지 형태로 사용됩니다. 첫째, 주석(comment) 형태로 코드에 삽입되어 개발자에게 설명하거나 특정 지점에서의 예상되는 조건을 알려줍니다. 이는 프로그램의 가독성과 유지보수를 돕습니다. 둘째, 프로그래밍 언어에서 지원하는 구문 형태로, 런타임 시 해당 조건을 검사하고 조건이 거짓이면 프로그램 실행을 중단하도록 할 수 있습니다. 이는 디버깅에 도움이 되며 예상치 못한 상황에서 프로그램이 잘못된 상태로 진행되는 것을 방지합니다.

더 알아보기
FastAPI에서 date 타입의 취급

FastAPI에서는 스키마로 date 타입을 지정하면 json이나 경로 파라미터로 받을 때는 str로 받아 이를 역직렬화하여 date 타입으로 변환해 줍니다. 이 변환은 FastAPI가 의존하는 유효성 검증 라이브러리인 Pydantic이 담당합니다.

Pydantic에서 date 타입은 ISO8601이라는 형식("YYYY-MM-DD")으로 지정하도록 되어 있습니다. 정규식으로는 r'(?P<year>\d{4})-(?P<month>\d{1,2})(?P<day>\d{1,2})'로 표현됩니다.

마찬가지로 time 타입은 "HH:MM[:SS[.ffffff]][Z or [±]HH[:]MM]]]", 정규식으로는 r'(?P<hour>\d{1,2}):(?P<minute>\d{1,2})(?::(?P<second>\d{1,2})(?:\.(?P<microsecond>\d{1,6})\d{0,6})?)?(?P<tzinfo>Z¦[+-]\d{2}(?::?\d{2})?)?$'로 표현됩니다.

다중 테스트 추가

앞에서는 달력에 존재하지 않는 날짜를 지정하는 경우를 추가했습니다. 이번에는 날짜 형식이 잘못된 경우(2024/12/01과 20241201)를 추가합니다.

테스트 자체는 통과하기를 원하므로, 앞의 내용과 같이 응답의 status_code 기대값으로 HTTP_422_UNPROCESSABLE_ENTITY를 지정합니다(예제 14.12).

예제 14.12: tests/test_main.py

파이썬

```python
@pytest.mark.asyncio
 async def test_due_date(async_client):

     response = await async_client.post("/tasks", json={"title": "테스트 작업", "due_
date": "2024-12-01"})
    assert response.status_code == starlette.status.HTTP_200_OK


     response = await async_client.post("/tasks", json={"title": "테스트 작업", "due_
date": "2024-12-32"})
    assert response.status_code == starlette.status.HTTP_422_UNPROCESSABLE_ENTITY

+     response = await async_client.post("/tasks", json={"title": "테스트 작업", "due_
date": "2024/12/01"})
+    assert response.status_code == starlette.status.HTTP_422_UNPROCESSABLE_ENTITY
+
+     response = await async_client.post("/tasks", json={"title": "테스트 작업", "due_
date": "2024-1201"})
+    assert response.status_code == starlette.status.HTTP_422_UNPROCESSABLE_ENTITY
```

이제 이 테스트에서 네 가지 케이스를 공통화 하는 리팩토링을 진행합니다.

테스트 코드가 동일한 입출력을 받도록 리팩토링하려면 다음과 같은 단계가 필요합니다.

1. 테스트 케이스 간 공통된 부분을 확인한다.

2. 입력을 루프로 반복하도록 리스트 등에 넣는다.

3. 출력도 루프로 반복하도록 리스트 등에 넣는다.

먼저 공통된 부분을 확인합니다. 이번 테스트 케이스는 비교적 간단해서, async_client.post()에서 /tasks 엔드포인트를 호출하고 있다는 점, 전달되는 파라미터가 json 타입으로 "title"과 "due_date" 두 가지가 있다는 점, 그리고 assert에서는 이 API 호출의 response.status_code를 기대값과 비교한다는 점이 공통점이라는 것을 알 수 있습니다.

공통점을 파악했다면 입력을 파라미터로 설정합니다.

방금 전 공통 부분이 아닌 것으로 확인된 "due_date" 파라미터를 input_list에 정의합니다. 그리고 이를 받을 변수로 input_ param을 임시로 넣어 둡니다(예제 14.13).

예제 14.13: tests/test_main.py

`파이썬`

```python
@pytest.mark.asyncio
async def test_due_date(async_client):
    input_list = ["2024-12-01", "2024-12-32", "2024/12/01", "2024-1201"]
    response = await async_client.post("/tasks", json={"title": "테스트 작업", "due_date": input_param})
    assert response.status_code == starlette.status.HTTP_200_OK

    response = await async_client.post("/tasks", json={"title": "테스트 작업", "due_date": input_param})
    assert response.status_code == starlette.status.HTTP_422_UNPROCESSABLE_ENTITY

    response = await async_client.post("/tasks", json={"title": "테스트 작업", "due_date": input_param})
    assert response.status_code == starlette.status.HTTP_422_UNPROCESSABLE_ENTITY

    response = await async_client.post("/tasks", json={"title": "테스트 작업", "due_date": input_param})
    assert response.status_code == starlette.status.HTTP_422_UNPROCESSABLE_ENTITY
```

그리고 출력을 파라미터로 설정합니다.

응답의 status_code 기대값을 각각 expectation_list에 채워 갑니다. input과 마찬가지로 각각을 받아들이는 변수로 expectation을 임시로 넣어 둡니다(예제 14.14).

예제 14.14: tests/test_main.py

파이썬

```python
@pytest.mark.asyncio
async def test_due_date(async_client):
    input_list = ["2024-12-01", "2024-12-32", "2024/12/01", "2024-1201"]
    expectation_list = [
        starlette.status.HTTP_200_OK,
        starlette.status.HTTP_422_UNPROCESSABLE_ENTITY,
        starlette.status.HTTP_422_UNPROCESSABLE_ENTITY,
        starlette.status.HTTP_422_UNPROCESSABLE_ENTITY,
    ]
    response = await async_client.post("/tasks", json={"title": "테스트 작업", "due_date": input_param})
    assert response.status_code == expectation


    response = await async_client.post("/tasks", json={"title": "테스트 작업", "due_date": input_param})
    assert response.status_code == expectation


    response = await async_client.post("/tasks", json={"title": "테스트 작업", "due_date": input_param})
    assert response.status_code == expectation


    response = await async_client.post("/tasks", json={"title": "테스트 작업", "due_date": input_param})
    assert response.status_code == expectation
```

여기까지 완료하면 세 가지 테스트 케이스가 모두 공통화된 상태임을 알 수 있습니다.

마지막으로 실제로 동작하게 하기 위해, 반복문에서 값을 꺼내도록 합니다(예제 14.15).

예제 14.15: tests/test_main.py

파이썬

```python
@pytest.mark.asyncio
async def test_due_date(async_client):
    input_list = ["2024-12-01", "2024-12-32", "2024/12/01", "2024-1201"]
    expectation_list = [
```

```
        starlette.status.HTTP_200_OK,
        starlette.status.HTTP_422_UNPROCESSABLE_ENTITY,
        starlette.status.HTTP_422_UNPROCESSABLE_ENTITY,
        starlette.status.HTTP_422_UNPROCESSABLE_ENTITY,
    ]
    for input_param, expectation in zip(input_list, expectation_list):
        response = await async_client.post("/tasks", json={"title": "테스트 작업", "due_
date": input_param})
        assert response.status_code == expectation
```

input_list와 expectation_list의 두 리스트를 반복하기 위해 for 문에서 zip() 함수를 지정하고 있습니다.

Parametrize로 만들기

이대로도 큰 문제는 없지만, 원래 함수에 비해 루프가 추가된 만큼 복잡해진 것을 알 수 있습니다.

또한 입출력이 별도로 정의되어 있으므로 4개 정도의 테스트 케이스에서는 문제가 없지만, 케이스 수가 많아지면 입력값 및 출력값의 대응을 파악하기 어려워질 수 있습니다. 이럴 때 parametrize 테스트가 힘을 발휘합니다.

parametrize 테스트는 pytest의 기능으로, @pytest.mark.parametrize 데코레이터를 전달하면 구현할 수 있습니다.

마지막으로 test_due_date() 함수를 예제 14.16과 같이 다시 작성합니다.

예제 14.16: tests/test_main.py

파이썬

```
@pytest.mark.asyncio
@pytest.mark.parametrize(
    "input_param, expectation", ————❶
    [
        ("2024-12-01", starlette.status.HTTP_200_OK),
        ("2024-12-32", starlette.status.HTTP_422_UNPROCESSABLE_ENTITY),
        ("2024/12/01", starlette.status.HTTP_422_UNPROCESSABLE_ENTITY),  ————❷
        ("2024-1201", starlette.status.HTTP_422_UNPROCESSABLE_ENTITY),
    ],
)
```

```
async def test_due_date(input_param, expectation, async_client):
    response = await async_client.post(
                                        └──❸
        "/tasks", json={"title": "테스트 작업", "due_date": input_param}
    )
    assert response.status_code == expectation
```

parametrize 데코레이터의 첫 번째 인수에는 루프에서 가져온 변수 이름을 문자열로 전달합니다. 여기서는 입력과 출력 두 가지를 파라미터로 만들고 싶으므로 "input_param, expectation"을 지정합니다(예제 14.16 ❶).

그리고 이 두 파라미터를 한 쌍씩 튜플(input_param, expectation) 형태로 만들고, 이들을 리스트로 만들어 parametrize 데코레이터의 두 번째 인수로 전달합니다(예제 14.16 ❷).

input_param, expectation의 각 변수로 가져올 수 있도록, 이 두 변수를 test_due_date() 함수의 인수에 추가합니다(예제 14.16 ❸).

parametrize 데코레이터로 인해 정의한 tuple마다 호출되므로 test_due_date() 함수 내에서 루프를 작성할 필요가 없어졌습니다. 앞서 input_list와 expectation_list에서 루프를 돌리던 방식에 비해 테스트 코드가 읽기 편해진 것을 알 수 있습니다.

여기까지 경험한 뒤에는 '14.4 테스트 작성하기(2)'에서 작성한 test_done_flag() 함수도 parametrize로 만드는 것이 가능하다고 생각할 수 있습니다.

하지만 test_done_flag() 함수에서는 PUT 요청이 성공하지 않으면 다음 DELETE 요청이 성공하지 못하는 것과 같이, 테스트 케이스의 순서에 의미가 있습니다. 이처럼 한 테스트 케이스의 상태에 다른 테스트 케이스가 의존하는 경우에는 parametrize를 사용할 수 없으며, 각각이 독립적이어야 한다는 점에 주의해야 합니다.

07

정리

14장에서는 다음을 설명했습니다.

- 테스트 관련 라이브러리 설치
- DB 접속 및 테스트 클라이언트 준비
- 테스트 작성하기
- 테스트 실행하기
- parametrize 테스트

MEMO

Chapter 15

클라우드 플랫폼
배포 개요 및 준비 사항

이 장 이후(15~17장)에서는 지금까지 만든 Web API를 클라우드 플랫폼에 배포해 봅니다.

01

클라우드 플랫폼 개요

이 책에서 다룰 클라우드 플랫폼에 대해 설명합니다.

지금까지 로컬 환경의 Docker에서 Swagger UI의 화면에서 동작을 확인한 것처럼, 클라우드상에서도 동일한 작업을 수행하는 것이 목표입니다.

클라우드 플랫폼을 이용하면 다른 사람이 인터넷에서 접속할 수 있게 만들 수 있고, API로 접근하는 프론트엔드를 준비하여 웹 애플리케이션을 구축할 수 있습니다.

이 장 이후(15~17장)에서는 AWS^Amazon Web Services와 GCP^Google Cloud Platform의 두 가지 클라우드 플랫폼을 다룹니다. 두 가지 모두 강력한 플랫폼으로, 이 책의 Web API를 다루는 데 있어 큰 차이는 없습니다. 이미 기존 업무에서 이용 중인 클라우드 플랫폼이 있다면 해당 환경을 그대로 활용해 Web API를 포함한 인프라를 구축해도 좋습니다.

비용 측면에서 보면, 둘 다 처음 계정을 생성할 때 무료 할당량이 주어집니다. 기본적으로 이 책에서는 인스턴스 구성을 최소화하는 등의 방법으로 무료 할당량을 최대한 활용하지만, 일부 서비스(기능)는 과금이 발생하는 경우도 있으니 참고하기 바랍니다.

불필요한 과금을 줄이고 싶다면 계정을 생성한 후 미사용 기간을 두지 않고, 사용하지 않는 리소스는 수시로 확인하여 정지하거나 삭제하는 것이 좋습니다.

또한 가급적 각 클라우드 플랫폼에서 제공하는 웹 콘솔을 이용하여 작업합니다.

웹 콘솔에서는 많은 정보가 한눈에 볼 수 있게 모여 있으므로 진행 상황을 확인하면서 단계를 수행할 수 있고, 이해하기 쉽기 때문입니다.

웹 콘솔 말고도 두 플랫폼 모두 터미널에서 동작하는 CLI 인터페이스를 제공하고 있으며, CLI 조작만으로도 거의 모든 단계를 완료할 수 있습니다. 다만 웹 콘솔의 경우 문제가 발생했을 때 오류 표시 결과 등이 풍부하고, 이해하기 쉬운 경우가 많으므로 플랫폼의 새로운 서비스나 기능을 접할 때는 웹 콘솔을 먼저 이용하기를 추천합니다.

02
클라우드 플랫폼에서 이용할 서비스

클라우드 플랫폼에서 이용할 서비스에 대해 설명합니다.

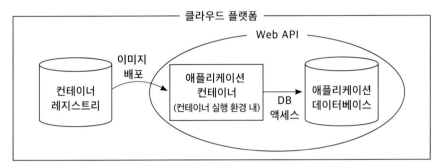

그림 15.1 클라우드 플랫폼 구성의 개요

이 책의 내용을 클라우드 플랫폼에 배포하기 위해 필요한 주요 서비스(제품)는 3가지입니다(그림 15.1).

- 컨테이너 실행 환경
  - 컨테이너 레지스트리에 업로드한 이미지로 컨테이너 실행
  - HTTP(S) 요청 받아들이기
- 컨테이너 레지스트리
  - 컨테이너 이미지를 호스팅
- 데이터베이스
  - 클라우드 플랫폼상에 MySQL 인스턴스를 생성
  - 매니지드(managed)형이라 자체 서버를 구축하는 것보다 스케일링, 유지보수, 백업 등이 용이

매니지드형 서비스

매니지드형 서비스(Managed Service)는 사용자가 어떠한 서비스나 시스템을 관리, 운영하는 데 있어서 필요한 여러 작업들을 해당 서비스 제공자가 대신 수행하는 형태를 나타냅니다. AWS에서의 RDS(관계형 데이터베이스 서비스)는 매니지드형 서비스의 한 예입니다.

AWS와 GCP에서 모두 제공 중인 서비스입니다. 각 기능에 대해서는 다음 장 이후의 배포 시점에 설명합니다만, 표 15.1에 비교 자료를 준비했습니다.

어느 플랫폼을 선택하든 동일한 기능을 구현할 수 있음을 알 수 있습니다.

표 15.1: 클라우드 플랫폼별 이용 서비스 비교

	AWS	GCP
컨테이너 실행 환경	AWS App Runner	Cloud Run
컨테이너 레지스트리	Amazon ECR(Elastic Container Registry)	GCR(Container Registry)
데이터베이스	Amazon RDS	Cloud SQL

03
배포 전 컨테이너 준비

클라우드 플랫폼을 접하기 전에 AWS와 GCP에서 공통으로 사용할 컨테이너 이미지를 정비합니다.

클라우드 플랫폼에 지금까지 생성한 Docker 컨테이너 이미지를 업로드하여, 이를 클라우드에 배포합니다.

실제로 클라우드 플랫폼에 배포하기 전에, 지금까지 로컬 환경에서만 참조했던 컨테이너 이미지를 프로덕션 환경의 운영을 견딜 수 있는 구성으로 만들어 나갑니다.

DB 접속 정보 수정

api/db.py에서는 DB 접속 URL로 예제 15.1을 지정했습니다.

예제 15.1: api/db.py

파이썬

```
ASYNC_DB_URL = "mysql+aiomysql://root@db:3306/demo?charset=utf8"
```

로컬 환경에 구축된 docker compose의 DB에 접속하고 있으므로, 클라우드 플랫폼의 DB와 docker compose의 DB에 모두 대응하도록 예제 15.2와 같이 수정합니다.

예제 15.2: api/db.py

파이썬

```
+import os

 from sqlalchemy.ext.asyncio import create_async_engine, AsyncSession
 from sqlalchemy.orm import sessionmaker, declarative_base

+DB_USER = os.environ.get("DB_USER", "root")
+DB_PASSWORD = os.environ.get("DB_PASSWORD", "")
```

```
+DB_HOST = os.environ.get("DB_HOST", "db")
+DB_PORT = os.environ.get("DB_PORT", "3306")


-ASYNC_DB_URL = "mysql+aiomysql://root@db:3306/demo?charset=utf8"
+ASYNC_DB_URL = (
+        f"mysql+aiomysql://{DB_USER}:{DB_PASSWORD}@{DB_HOST}:{DB_PORT}/
demo?charset=utf8"
+)
...
```

먼저 환경 변수를 이용하기 위해 import os를 수행합니다. DB 사용자, 비밀번호, 호스트, 포트의 4가지 환경 변수를 설정합니다.

각각의 환경 변수는 초기값을 가지고 있으며, 이를 docker compose의 DB로 설정해 놓았으므로 로컬 환경에서는 기존과 동일하게 동작합니다.

DB 마이그레이션 수정

11장에서는 MySQL에 테이블을 처음 생성하기 위해 api/migrate_db.py를 수동으로 실행했습니다. 클라우드 플랫폼에서는 컨테이너를 이용해 배포하므로 로컬 환경처럼 자유롭게 명령어를 실행하는 것이 쉽지 않습니다.

따라서 FastAPI 애플리케이션 실행 시에 DB 마이그레이션 스크립트를 자동으로 실행하여, DB 나 테이블 정의가 존재하지 않으면 생성하도록 변경합니다.

4장에서 설명한 Dockerfile의 마지막 부분은 예제 15.3과 같았습니다.

예제 15.3: Dockerfile

Dockerfile

```
# uvicorn 서버 실행
ENTRYPOINT ["poetry", "run", "uvicorn", "api.main:app", "--host", "0.0.0.0",
"--reload"]
```

ENTRYPOINT에는 컨테이너 실행 시 실행되는 명령을 작성하는데,

1. DB migration 실행
2. uvicorn 서버 실행

이번에는 위 두 명령을 실행하도록 변경하므로, 이를 실행할 셸 스크립트 entrypoint.sh로 위의 ENTRYPOINT를 준비합니다(예제 15.4). 이후에 클라우드 환경용으로 api/migrate_cloud_db.py를 새로 작성하여, 마이그레이션 스크립트가 이 파일을 미리 호출하게 합니다(예제 15.4 ❶). 다음 예제에서 별다른 하위 경로 지정이 없는 경우, 프로젝트 루트 디렉터리에 저장하면 됩니다.

예제 15.4: entrypoint.sh

> **셸 스크립트**

```bash
# !/bin/bash

# DB migration 실행
poetry run python -m api.migrate_cloud_db ————❶

# uvicorn 서버 실행
poetry run uvicorn api.main:app --host 0.0.0.0 --reload
```

> **더 알아보기**

Dockerfile에서 ENTRYPOINT와 RUN의 차이점

Dockerfile에 다음과 같은 내용이 있었습니다.

> **Dockerfile**

```
RUN poetry config virtualenvs.in-project true
```

RUN 명령어가 여러 개 있었으므로, 이를 나열하면 DB 마이그레이션과 uvicorn 서버의 실행을 순서대로 수행할 수 있을 것이라고 생각할 수 있습니다만, 여기에는 문제가 있습니다.

사실 RUN과 ENTRYPOINT(혹은 CMD)의 가장 큰 차이점은 명령어 실행 타이밍입니다.

ENTRYPOINT는 실제로 이미지를 기동할 때 실행되는 반면, RUN은 Docker 이미지를 빌드할 때 실행됩니다. 이러한 작업이 모두 로컬 환경에서 이뤄진다면 단순히 타이밍의 차이만 있겠지만, 이 책에서는 로컬 환경에서 빌드를 수행하고, 클라우드 플랫폼에서 컨테이너를 실행하므로, DB 마이그레이션은 DB가 존재하는 클라우드 플랫폼에서 수행해야 합니다(빌드 자체를 클라우드 플랫폼에서 수행하는 방법도 있지만, 클라우드 플랫폼에서는 네트워크 설정 등을 제대로 하지 않으면 DB에 접속할 수 없으므로 준비하는 과정이 더 복잡합니다).

클라우드 플랫폼에 맞는 entrypoint.sh를 호출하도록 변경한 Dockerfile을 생성합니다.

빌드 시 Dockerfile을 전환할 수 있으므로, 원본 Dockerfile을 복사하여 Dockerfile.cloud를 새로 만듭니다(예제 15.5).

예제 15.5: Dockerfile.cloud

Dockerfile

```
# 파이썬 3.11 이미지 다운로드
FROM python:3.11-buster
# 파이썬의 출력 표시를 Docker용으로 조정
ENV PYTHONUNBUFFERED=1


WORKDIR /src


# pip로 poetry 설치
RUN pip install poetry


# poetry의 정의 파일 복사(존재하는 경우)
COPY pyproject.toml* poetry.lock* ./


# 배포에 필요
COPY api api                                    ❷
COPY entrypoint.sh ./


# poetry로 라이브러리 설치(pyproject.toml이 이미 존재하는 경우)
RUN poetry config virtualenvs.in-project true
RUN if [ -f pyproject.toml ]; then poetry install --no-root; fi


# DB migration을 수행하고 uvicorn 서버 실행
ENTRYPOINT ["bash", "entrypoint.sh"]           ❶
```

마지막 ENTRYPOINT는 기존 Dockerfile의 ENTRYPOINT와 다르게, 방금 전에 준비한 entrypoint.sh를 실행하게 되어 있습니다(예제 15.5 ❶).

또한 로컬 환경의 docker compose에서는 예제 15.6처럼 로컬 환경의 디렉터리를 volume으로 지정하고 있었습니다.

예제 15.6: docker-compose.yaml

```yaml
demo-app:
  ...
  volumes:
    - .dockervenv:/src/.venv
    - .:/src
```

클라우드 플랫폼에서는 docker compose를 사용하지 않고, 순수하게 Docker 컨테이너를 구동하게 됩니다. 따라서 FastAPI 앱과 작성한 entrypoint.sh도 컨테이너 이미지에 포함해야 하며, api 디렉터리와 entrypoint.sh에 대한 COPY 명령을 추가합니다(예제 15.5 ❷).

또한 기존 로컬 환경에서는 Docker로 MySQL을 이용하고 있었고, 예제 15.7처럼 docker-compose.yaml에 초기 데이터베이스(MYSQL_DATABASE)를 적어 두었기 때문에 demo라는 이름의 데이터베이스가 자동으로 생성되었습니다.

예제 15.7: docker-compose.yaml

```yaml
db:
  image: mysql:8.0
  environment:
    MYSQL_ALLOW_EMPTY_PASSWORD: 'yes' # root 계정을 비밀번호 없이 생성
    MYSQL_DATABASE: 'demo' # demo 데이터베이스를 초기 데이터베이스로 설정
    TZ: 'Asia/Seoul' # 시간대를 한국 시간으로 설정
```

클라우드 플랫폼에서는 일반적인 MySQL의 방식으로, CREATE DATABASE demo; 쿼리를 실행하여 데이터베이스를 작성합니다.

또한, DB 마이그레이션 작업은 entrypoint.sh를 통해 컨테이너를 시작할 때마다 수행됩니다. 그러므로 멱등(冪等), 즉 몇 번을 실행해도 동일한 결과를 얻을 수 있어야 합니다. 여기서 말하는 '동일한 결과'란 '데이터베이스와 테이블이 생성된 상태', 더 나아가 컨테이너를 재실행하거나 API에 기능을 추가하고 새로운 이미지를 업로드해도 '데이터베이스 속의 데이터는 그대로 유지되는 상태'를 말합니다.

로컬 환경에서는 기존 DB 마이그레이션 방법을 계속 사용하면 되므로, 여기서는 클라우드 플랫폼에서 사용할 DB 마이그레이션 파일을 새로 준비합니다. api/migrate_db.py를 복사하여 예제 15.8처럼 api/migrate_cloud_db.py를 준비합니다.

예제 15.8: api/migrate_cloud_db.py

파이썬

```python
from sqlalchemy.exc import InternalError, OperationalError
from sqlalchemy import create_engine, text

from api.models.task import Base
from api.db import DB_USER, DB_PASSWORD, DB_HOST, DB_PORT

# api/db.py에서 DB 접속용 상수 가져오기(환경 변수에서 가져옴)
DB_URL = f"mysql+pymysql://{DB_USER}:{DB_PASSWORD}@{DB_HOST}:{DB_PORT}/?charset=utf8"
DEMO_DB_URL = (
    f"mysql+pymysql://{DB_USER}:{DB_PASSWORD}@{DB_HOST}:{DB_PORT}/demo?charset=utf8"
)

engine = create_engine(DEMO_DB_URL, echo=True)


def database_exists():
    # 접속을 시도하여 demo 데이터베이스의 존재 확인
    try:
        engine.connect()  ──┐
        return True        ──┴──── ❸
    except (OperationalError, InternalError) as e:
        print(e)
        print("database does not exist")
        return False


def create_database():
    if not database_exists():  ────── ❷
```

```python
    # demo 데이터베이스가 존재하지 않으면 생성
    root = create_engine(DB_URL, echo=True) ─┐
    with root.connect() as conn:              │
        conn.execute(text("CREATE DATABASE demo"))  ──❹
    print("created database") ───────────────┘
# DB 모델을 바탕으로 테이블 생성
Base.metadata.create_all(bind=engine) ─┐
print("created tables") ───────────────┴──❺


if __name__ == "__main__":
    create_database() ────────❶
```

위의 스크립트는 다소 복잡합니다. 큰 흐름을 설명하겠습니다.

이 스크립트에서는 create_database()를 실행합니다(예제 15.8 ❶). create_database() 함수 내에서 먼저 데이터베이스 demo의 존재를 확인하기 위해 database_exists()를 실행합니다(예제 15.8 ❷).

database_exists() 함수 내에서 demo 데이터베이스의 URL(DEMO_DB_URL)을 가지고 생성한 데이터베이스 엔진에 접속을 시도하여 demo 데이터베이스의 존재를 확인합니다(예제 15.8 ❸). demo 데이터베이스가 존재하지 않으면, 데이터베이스를 지정하지 않은 URL(DB_URL)에 접속하여 CREATE DATABASE demo 쿼리를 실행해 demo 데이터베이스를 생성합니다(예제 15.8 ❹). 이렇게 하면 demo 데이터베이스의 존재에 대해 멱등성이 보장됩니다.

다음으로는 api/migrate_db.py와 마찬가지로 Base.metadata.create_all(bind=engine)을 실행하여 models에서 정의한 DB 모델을 기반으로 테이블을 생성합니다(예제 15.8 ❺). 이 명령은 이미 테이블이 존재하면 무시되므로, 테이블 정의에 대한 멱등성이 보장됩니다. 즉, 이미 해당 테이블이 존재하는 경우에는 다시 테이블을 생성하지 않고 무시하게 됩니다. 이는 테이블이 존재하지 않는 경우에만 테이블을 생성하도록 하는데, 여러 번 실행하더라도 동일한 결과를 얻을 수 있도록 합니다.

uvicorn 설정

entrypoint.sh에서 uvicorn을 시작하는 명령은 예제 15.9와 같습니다.

예제 15.9: entrypoint.sh

셸 스크립트

```
# uvicorn 서버 실행
poetry run uvicorn api.main:app --host 0.0.0.0 --reload
```

uvicorn이라는 ASGI 서버를 이용해 api/main.py에 정의된 app 함수를 실행하고 있습니다.

ASGI 서버

ASGI 서버는 클라이언트의 HTTP 요청을 변환하여 FastAPI를 비롯한 웹 프레임워크가 다루기 쉬운 포맷으로 변환해 주는 웹 서버입니다. HTTP 프로토콜을 핸들링하는 부분은 대부분의 웹 프레임워크에서 비슷하므로, 웹 프레임워크를 래핑(wrapping)하여 공통화해 주는 구조가 갖추어져 있다고 생각하면 이해하기 쉬울 것입니다.

파이썬에서는 지금까지 WSGI라는 인터페이스 정의가 주류를 이루었는데, 이를 비동기 처리에 대응시킨 WSGI의 정신적 계승자(spiritual successor)인 ASGI라는 인터페이스 정의를 따르고 있습니다. FastAPI, Django 등 일부 파이썬 프레임워크가 ASGI를 지원합니다(그림 15.2).

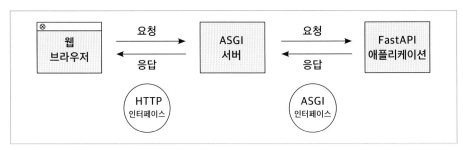

그림 15.2 ASGI 서버 동작 이미지

예제 15.9의 uvicorn 실행 명령어에서 핫 리로드[Hot reload]를 활성화하기 위해 --reload 옵션을 지정하고 있습니다.

이 옵션을 지정하면 routers/task.py와 같은 파일을 편집하여 저장했을 때, 파일 변경을 바로 감지하여 즉시 새로운 코드로 API가 요청을 받을 수 있게 됩니다.

reload 매커니즘은 로컬 환경에서 코드를 작성하면서 디버깅할 때는 매우 편리하지만 클라우드 플랫폼에서 동작하기 위해서는 미리 만든 Docker 이미지를 구동하므로, 기동 중에 API를 구성하는 프로그램을 변경하는 것은 기본적으로 불가능합니다.

기본적이라고 표현한 이유는 로컬과 마찬가지로 기동 중에 프로그램을 변경하는 구조를 억지로 만들 수는 있지만, 보안 측면의 리스크나 업데이트의 번거로움 등의 관점에서 보통은 그런 방식을 취하지 않기 때문입니다.

클라우드 환경에 맞도록 이 옵션을 제거합시다.

entrypoint.sh를 다음과 같이 변경합니다(예제 15.10).

예제 15.10: entrypoint.sh

셸 스크립트

```
# uvicorn 서버 실행
-poetry run uvicorn api.main:app --host 0.0.0.0 --reload
+poetry run uvicorn api.main:app --host 0.0.0.0
```

CORS

React나 Vue.js로 대표되는 프론트엔드 프레임워크에서 클라우드 환경의 API에 접근할 때 주의해야 할 것이 CORS[Cross-Origin Resource Sharing](교차 출처 리소스 공유)입니다. CORS는 웹 페이지에서 제한된 리소스를 다른 도메인에서 요청할 수 있도록 허용하는 메커니즘입니다. 보안상의 이유로 브라우저는 웹 페이지가 다른 도메인의 리소스에 접근하는 것을 기본적으로 차단하는데, CORS는 웹 페이지가 동일한 출처[Origin]가 아닌 다른 도메인의 리소스를 요청할 때 브라우저에게 서버로의 요청이 안전하게 이뤄져도 괜찮다고 알리는 메커니즘입니다. 이를 통해 다른 도메인 간에 웹 페이지에서 자유롭게 데이터를 주고받을 수 있도록 합니다.

일반적으로 브라우저에서의 접근은 동일 출처 정책[Same-Origin Policy]에 의해 동일한 출처[origin](호스트, 포트, 스킴(프로토콜)이 모두 동일한 URL)로만 접근을 허용하도록 제어됩니다. 동일 출처 정책은 악의적 인물의 사이트 접속 등으로 다른 출처에 대해 중요한 정보를 획득하거나 변경하는 것을 방지할 수 있어 보안상 중요한 의미를 가지며, CORS는 이 동일 출처 정책을 완화하여 추가적인 출처의 접근을 명시적으로 허용하는 구조입니다.

이 책에서는 도메인 A에 배포된 프론트엔드 애플리케이션에서 도메인 B에 배포된 FastAPI 애플리케이션에 접근하는 유스 케이스[Use case]를 가정합니다. 유스 케이스는 소프트웨어 시스템이나 제품이 어떻게 사용되어야 하는지를 나타내는 모델링 기법으로, 시스템의 요구사항을 식별하고 기술하는 데 사용됩니다.

예제 15.11: api/main.py

파이썬

```
 from fastapi import FastAPI
+from fastapi.middleware.cors import CORSMiddleware


 from api.routers import task, done


 app = FastAPI()
 app.include_router(task.router)
 app.include_router(done.router)
+app.add_middleware(
+    CORSMiddleware,
+    allow_origins=["*"],
+    allow_credentials=True,
+    allow_methods=["*"],
+    allow_headers=["*"]
+)
```

api/main.py를 예제 15.11처럼 변경합니다.

allow_origins에 ["*"]를 지정하면, API는 모든 출처의 접근을 허용할 것임을 브라우저에 알리게 됩니다.

API나 프론트엔드 애플리케이션 개발 중에는 CORS로 인해 프론트엔드 애플리케이션에서 FastAPI 애플리케이션으로 통신이 되지 않을 수 있으므로, 개발 환경에서는 위와 같은 설정으로 CORS 오류를 방지할 수 있습니다. 하지만 중요한 데이터를 다루는 프로덕션 환경에서는 반드시 FastAPI 애플리케이션이 접근을 허용하는 프론트엔드 애플리케이션의 출처를 명시적으로 지정하도록 합니다. 예를 들어 https://example.com과 개발 및 디버깅용으로 http://localhost:3000 액세스만 허용하려면 allow_origins=["https://example.com", "http://localhost:3000"]처럼 지정합니다.

이것으로 클라우드 플랫폼에 배포할 준비가 완료되었습니다.

다음 장에서는 먼저 AWS에 배포하는 방법을 설명하며, GCP를 이용하는 분은 다음 장을 건너뛰고 17장을 읽어 주세요.

04

정리

15장에서는 다음을 설명했습니다.

- 클라우드 플랫폼 개요
- 클라우드 플랫폼에서 이용할 서비스
- 배포 전 컨테이너 준비

MEMO

Chapter 16

클라우드 플랫폼에 배포하기: AWS 편

앞 장에서 준비한 컨테이너 이미지를 이용하여 AWS에 배포를 진행합니다. GCP를 이용하실 분은 다음 장으로 넘어가기 바랍니다.

01

AWS 배포의 개요

AWS 배포의 개요와 이 장의 구성에 대해 설명합니다.

앞 장의 표 15.1의 AWS와 GCP 비교 표에서도 언급했지만, AWS에 배포할 때 주로 사용하는 서비스는 다음과 같습니다.

- AWS App Runner
  - 매니지드형 컨테이너 실행 환경
- Amazon ECR(Elastic Container Registry)
  - 컨테이너 이미지를 관리할 수 있는 매니지드형 컨테이너 레지스트리
- Amazon RDS
  - 매니지드형 관계형 데이터베이스 서비스

각 서비스에 대한 자세한 내용은 이후 서비스 설정 시 순차적으로 설명합니다. 이 장에서는 다음 단계에 따라 설명합니다.

이미 AWS 계정 설정이 완료된 분은 이 장 4절의 '데이터베이스 준비: RDS에 MySQL 서비스 작성'을 진행하기 바랍니다.

- AWS 계정 작성
- AWS 계정 초기 설정
- 데이터베이스 준비: RDS에 MySQL 서비스 작성
- 컨테이너 이미지 업로드: ECR을 이용
- 컨테이너 실행: App Runner 설정 및 실행

이 장의 AWS 콘솔 화면은 집필 시점의 정보이며, 향후 업데이트에 따라 크게 변경될 수 있음에 주의하세요.

02

AWS 계정 작성

AWS 계정 작성 방법에 대해 설명합니다.

먼저 AWS 계정을 작성합니다. 이미 계정을 갖고 계신 분은 건너뛰어도 됩니다.

AWS 계정 작성 페이지(https://portal.aws.amazon.com/billing/signup)로 접속합니다.

· 참고: AWS 계정 작성 절차

　URL　https://repost.aws/ko/knowledge-center/create-and-activate-aws-account

위 페이지에 자세한 방법이 나와 있으며, 절차에 따라 진행하면 됩니다. 다음에 주의할 점을 소개합니다(그림 16.1).

그림 16.1 이메일 주소 입력

첫 번째 루트 사용자 이메일 주소'에는 관리에 필요한 이메일 주소를 입력합니다(그림 16.1 ❶).

개인적으로 이용하는 경우에는 자신의 이메일 주소로도 문제가 없지만, 회사 등 여러 명이 이용하는 경우에는 메일링 리스트 등의 주소를 등록하는 것이 권장됩니다.

그리고 계정 초기 설정에서도 소개하겠지만, 루트 사용자는 권한이 너무 강하므로 일상적인 작업에는 사용하지 않고, 권한이 제한된 사용자를 작성해 이용합니다.

또한 'AWS 계정명'도 마찬가지로 여러 명이 사용하는 경우 조직을 대표하는 이름으로 설정합니다(그림 16.1 ❷).

메모
AWS 계정과 사용자의 차이점

AWS에서 계정(account)과 사용자(user)는 서로 다른 의미를 가지고 있습니다. 계정은 AWS 서비스를 관리하는 단위입니다. 클라우드 플랫폼의 '환경'이라고 표현해도 무방합니다. 한 조직 내에 여러 개의 계정을 가질 수 있으며, 회사라면 부서별로 구분된 계정이나, 프로덕션 환경과 개발 환경으로 계정을 구분하는 용도 등으로 사용합니다. 여기서 작성하는 것은 '관리 계정'이며, 부모 계정이라고 할 수 있습니다. 관리 계정에 로그인한 상태에서 하위 계정인 '멤버 계정'을 생성할 수 있습니다.

한편, 사용자는 해당 계정에 접근할 수 있는 사용자를 말하며, 실제로는 같은 계정을 공유하는 사람마다 할당합니다. 계정에 존재하는 AWS 서비스에 대한 접근 권한을 관리하는 단위가 됩니다.

계정 생성 시 생성되는 것이 '루트 사용자'이며, 개별 사용자로는 'IAM 사용자'를 할당합니다(그림 16.2).

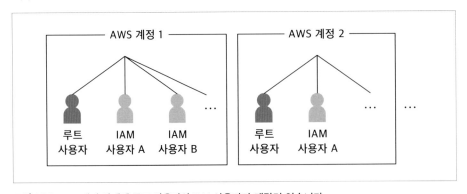

그림 16.2 AWS 계정 아래에 루트 사용자와 IAM 사용자가 매달려 있습니다.

루트 사용자란 AWS 계정을 만들 때 자동으로 생성되는 기본 사용자로서, 해당 AWS 계정에 대한 모든 권한을 갖고 있습니다. AWS에서 제공하는 모든 서비스와 리소스에 접근할 수 있는 특권을 가지고 있으므로 보안적인 측면에서 주의가 필요한 권한입니다. 보안을 강화하기 위해 루트 사용자의 접근은 필요한 경우에만 사용하고, 또한 다중 인증(Multi-Factor Authentication, MFA)를 사용하여 계정을 더욱 안전하게 보호하는 것이 권장됩니다. 한편 IAM 사용자는 AWS Identity and Access Management(IAM)를 통해 생성되며, 특정 서비스나 리소스에 대한 접근을 관리하기 위한 계정입니다. 루트 사용자처럼 모든 권한을 가지지 않고, 필요한 권한만을 할당받아 사용하므로 보안을 강화하고 최소한의 필요 권한만을 부여하여 사용자의 원치 않는 동작을 방지하는 데 도움이 됩니다.

다음으로 '이메일 주소 확인'을 클릭하여(그림 16.1 ❸) 이메일 주소를 확인하고, 루트 사용자용 암호로 강력한 비밀번호를 설정합니다.

개인도 여러 계정을 다루는 '조직'을 이용할 수 있습니다. 연락처 정보의 비즈니스와 개인 중에서 맞는 것을 선택하면 됩니다. 그리고 주소와 연락처는 영문과 숫자로 입력합니다(그림 16.3 ❶ ❷).

그림 16.3 연락처 정보 입력

다음으로 결제 정보를 입력합니다(그림 16.4 ❶ ❷).

AWS 계정을 만들려면 무료 기간에도 유효한 신용카드가 필요합니다.

이 책에서는 실무에서 사용할 수 있는 실용적인 애플리케이션 배포를 목표로 하므로 일부 AWS 서비스 이용에 요금이 발생합니다. 테스트나 개발용으로 이용할 때는 청구되는 요금에 주의하여, 이용하지 않는 동안에는 인스턴스를 중지하거나 삭제하는 등, 주의를 기울이는 것이 좋습니다(AWS App Runner는 2023년 1월 현재 무료 혜택이 적용되지 않습니다).

- 참고: 더 이상 필요하지 않은 활성 AWS 리소스 종료하기

  URL https://repost.aws/ko/knowledge-center/terminate-resources-account-closure

- 참고: AWS 계정을 해지하기

  URL https://repost.aws/ko/knowledge-center/close-aws-account

그림 16.4 결제 정보 입력

다음으로 문자 메시지(SMS) 또는 음성 통화로 본인 인증을 거치면 계정 생성이 완료됩니다.

로그인 방법은 그림 16.5 ❶ ~ ❸, 그림 16.6 ❶ ❷와 같이, 처음에 설정했던 루트 사용자의 이메일 주소와 비밀번호로 로그인합니다.

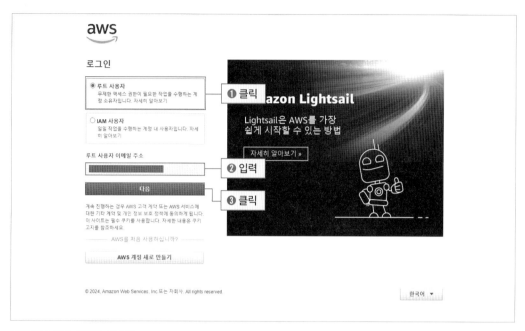

그림 16.5 루트 사용자 로그인

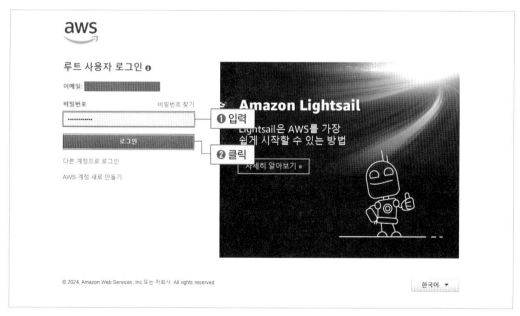

그림 16.6 루트 사용자 비밀번호 입력

만약 사용 중인 운영체제가 영어로 설정되어 있어서 로그인 후 콘솔도 영어로 표시되면, 화면 상
단의 설정 아이콘을 클릭해 언어^{Language}를 한국어로 변경할 수 있습니다(그림 16.7).

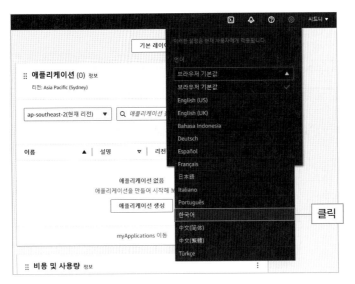

그림 16.7 언어 변경

03

AWS 계정 초기 설정

서비스를 설정하기 전에 작성한 계정과 관련된 초기 설정을 실시합니다.

루트 사용자의 MFA 설정

보안을 위해 루트 사용자에게는 MFA(다중 인증)를 설정하는 것을 권장하고 있으므로, 이 시점에서 잊지 말고 설정해 둡시다.

콘솔 상단의 '검색'에서 'iam'을 검색하고 'IAM'을 선택합니다(그림 16.8).

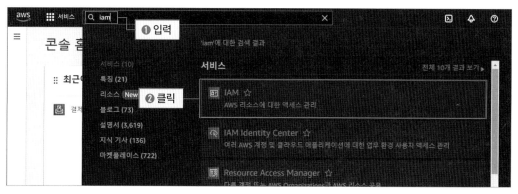

그림 16.8 IAM 검색하기

그림 16.9의 화면과 같이 루트 사용자에게 MFA가 설정되어 있지 않다는 경고가 표시됩니다. 'MFA 추가'를 클릭합니다.

그림 16.9 'MFA 추가'를 클릭합니다.

'MFA device name'에는 나중에 식별할 수 있는 임의의 이름을 설정하고 'MFA device'를 선택한 후 '다음'을 클릭합니다(그림 16.11 ❶ ❷).

그림 16.9 'MFA device' 선택

AWS에서 MFA를 설정하기 위해서는 사용자의 PC 혹은 스마트폰(iOS/Android)에 MFA 인증 앱을 설치해야 합니다. 로그인할 때마다 등록한 앱을 실행하여 인증하게 됩니다.

은행의 OTP^{one time password} 등으로 익숙한 시간 기반 일회용 비밀번호 방식(RFC6238)이라면 어떤 앱이든 사용할 수 있으며, AWS 사이트에 지원하는 앱 목록이 게재되어 있습니다.

- 참고: 가상 인증 앱

  URL https://aws.amazon.com/ko/iam/features/mfa/

그중에서도 'Google Authenticator'와 'Microsoft Authenticator'는 iOS/안드로이드 스마트폰을 모두 지원하며, 무료로 이용할 수 있습니다. 앱 스토어에서 검색하여 설치합니다.

QR 코드 표시를 클릭하고, 표시된 QR 코드를 MFA 인증 앱으로 스캔합니다.

스캔이 완료되면 6자리 숫자가 표시됩니다. 시간이 지나면 새로운 숫자로 바뀝니다. 어느 시점이든 상관없으니 연속된 두 개의 코드를 MFA 코드 1과, MFA 코드 2에 순서대로 입력합니다(그림 16.12 ❶).

'MFA 추가'를 클릭합니다(그림 16.12 ❷). 이것으로 루트 사용자에 대한 일회용 비밀번호 설정이 완료되었습니다.

그림 16.12 MFA 인증 앱에 표시된 코드 입력

IAM 사용자 작성

앞 절의 'AWS 계정 작성'에서도 설명했지만, AWS는 기본적으로 루트 사용자는 사용하지 않고 IAM 사용자로 접근하기를 권장하고 있습니다. 이제 평상시에 사용할 IAM 사용자를 작성합니다.

IAM에서는 서비스별로 세밀한 권한 설정이 가능합니다만, 우선 AWS 서비스 전반을 아우르는 설정이 필요하므로 폭넓은 접근 권한을 가진 관리자 IAM 사용자를 생성합니다.

앞에서도 이용했던 'IAM' 페이지로 이동하여 왼쪽의 '액세스 관리' 메뉴에서 '사용자'를 선택하여 '사용자 생성'을 클릭합니다(그림 16.13).

'사용자 이름'은 로그인 시 입력하는 사용자명입니다. SNS에서 사용하는 계정명을 사용하거나, 여러 명이 사용하는 경우에는 이메일 주소로 사용하는 계정명 등을 설정하면 좋습니다.

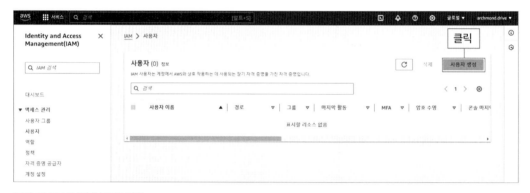

그림 16.13 IAM의 '사용자' 화면

다음으로 'AWS Management Console에 대한 사용자 액세스 권한 제공 – 선택 사항'을 체크하고, 나타나는 화면에서 'IAM 사용자를 생성하고 싶음'을 선택합니다(그림 16.14 ❶).

그리고 '사용자 지정 암호'에 로그인 시 사용할 비밀번호를 입력합니다. 본인이 직접 사용할 IAM 사용자이므로 위의 비밀번호를 그대로 사용하기 위해 '사용자는 다음 로그인 시 새 암호를 생성해야 합니다 – 권장'의 체크를 해제합니다. 설정이 완료되면 '다음'을 클릭합니다(그림 16.14 ❷).

그림 16.14 사용자 세부 정보 지정 화면

다음으로 권한을 설정하기 위해 생성할 사용자를 그룹에 추가합니다. '권한 옵션'에서 '그룹에 사용자 추가'를 선택하고 '그룹 생성'을 클릭합니다(그림 16.15 ❶ ❷).

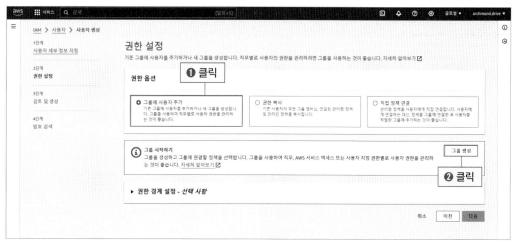

그림 16.15 '그룹 생성' 클릭

권한 정책 중에서 'AdministratorAccess'를 선택하여(그림 16.16 ❶), 그룹 이름을 지정합니다. 관리자 그룹이므로 'admin'을 입력합니다(그림 16.16 ❷). '사용자 그룹 생성'을 클릭합니다(그림 16.16 ❸).

그림 16.16 'AdministratorAccess' 선택

다음 화면에서 'AdministratorAccess' 정책이 연결된 'admin' 그룹이 생성된 것을 확인할 수 있습니다. 'admin' 그룹을 체크하고 '다음'을 클릭합니다.

그림 16.17과 같은 확인 화면에서 '사용자 생성'을 클릭합니다(그림 16.17 ❶ ❷).

그림 16.17 '사용자 생성' 확인 화면

암호 검색 화면이 표시됩니다.

화면 상단에 표시된 'https://{AWS계정ID}.signin.aws.amazon.com/console'에 접속하면
IAM 사용자로 로그인할 수 있습니다. 해당 주소를 시험해 봅니다(그림 16.18).

그림 16.18: '사용자 추가' 완료 화면

그림 16.19처럼 계정 ID가 채워진 상태의 로그인 화면으로 전환됩니다. 방금 전 생성한 IAM 사
용자의 '사용자 이름'과 '암호'를 입력해 콘솔 화면에 로그인할 수 있다면 설정이 완료된 것입니다
(그림 16.19 ❶ ❷).

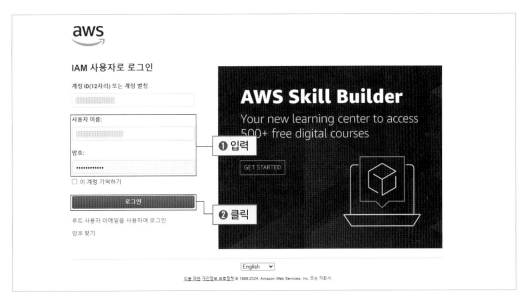

그림 16.19 IAM 사용자로 로그인 화면

로그인에 성공하면 콘솔 화면 오른쪽 상단에 '{IAM사용자명}@{계정ID}'가 표시되는 것을 확인할 수 있습니다(그림 16.20).

그림 16.20 로그인 결과 확인

이후에는 이 IAM 사용자로 AWS 콘솔을 조작하므로, 처음 생성했던 루트 사용자의 이메일 주소로는 로그인하지 않습니다. 잘못 로그인하지 않도록 주의합시다.

IAM 사용자의 MFA 설정

앞서 루트 사용자의 'MFA 설정'에서 루트 사용자의 MFA를 설정했습니다. 이번에는 로그인한 IAM 사용자에게도 MFA를 설정합니다.

IAM 사용자로 로그인한 상태에서 IAM 대시보드에 접속하면 보안 권장 사항에 '직접 MFA 추가'가 나타나 있습니다. 'MFA 추가'를 클릭합니다(그림 16.21).

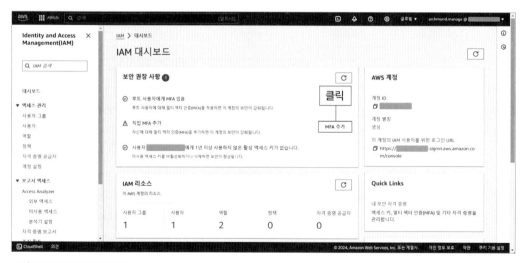

그림 16.21 'MFA 추가' 선택

'루트 사용자의 MFA 설정'과 마찬가지로 MFA 디바이스를 설정합니다. 이때 설정한 인증 정보는 루트 사용자의 인증 정보와 다르므로, 앱에는 두 개의 인증 정보가 설정됩니다(그림 16.23). 로그인 시 둘을 혼동하지 않도록 주의합니다.

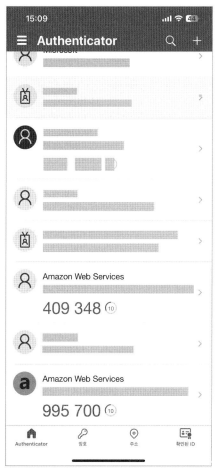

그림 16.23 앱에는 두 개의 인증 정보가 설정됩니다.

계정 별칭 작성

AWS 계정에는 12자리 숫자로 표현되는 계정 ID가 할당됩니다. 하지만 로그인 화면에서 숫자만으로 구성된 계정 ID를 기억하기 힘드므로 임의의 영문과 숫자로 계정 별칭을 설정해두면 편리합니다.

'IAM 대시보드'로 돌아와 화면 오른쪽 끝에 있는 '계정 별칭'의 '생성'을 클릭합니다(그림 16.24).

그림 16.24 '계정 별칭'의 '생성' 클릭

여기서 지정한 이름이 로그인 URL로도 활용됩니다(그림 16.25 ❶ ❷).

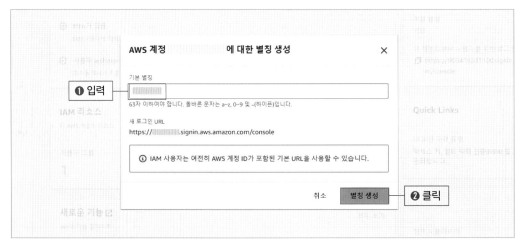

그림 16.25 기본 별칭 입력

이것으로 계정 초기 설정이 완료되었습니다.

04

데이터베이스 준비: RDS에 MySQL 서비스 작성

계정 설정이 완료되면, RDS를 사용하여 데이터베이스를 만듭니다.

RDS에 MySQL 데이터베이스를 생성합니다.

IAM 사용자로 로그인한 상태에서 AWS 콘솔 상단의 검색란에 'rds'를 검색하고(그림 16.26 ❶), 'RDS' 서비스를 선택합니다(그림 16.26 ❷).

그림 16.26 RDS 검색하기

RDS는 AWS의 리전^Region^에 의존합니다. AWS 리전은 AWS에서 제공하는 클라우드 인프라를 지리적으로 구분한 영역을 의미합니다. 각 리전은 독립적인 데이터 센터로 구성되어 있으며, 지리적으로 다른 위치에 위치해 있습니다. 이는 사용자들이 서비스 및 리소스를 필요에 따라 선택하여 배포할 수 있게 하며, 지리적으로 가까운 리전을 선택함으로써 네트워크 지연을 최소화할 수 있습니다. 여기서는 AWS 콘솔의 오른쪽 상단에서 '아시아 태평양(도쿄) ap-northeast-1'을 선택합니다(그림 16.27 ❶ ❷).

그림 16.27 리전 선택

RDS 대시보드에서 화면 중앙의 '데이터베이스 생성'을 클릭합니다(그림 16.28).

그림 16.28 '데이터베이스 생성' 클릭

다음 화면과 같이 설정을 진행합니다(그림 16.29
❶).

'데이터베이스 생성 방법 선택'에서는 '손쉬운 생
성'을 선택합니다.

'구성' 섹션에서는 다음과 같이 설정합니다.

- 엔진 유형
  - MySQL
- DB 인스턴스 크기
  - 프리 티어
- DB 인스턴스 식별자
  - 임의의 이름
  - "mydatabase"로 설정
- 마스터 사용자 이름
  - admin
- 암호 자동 생성
  - 체크

마지막으로 화면 하단의 '데이터베이스 생성'을
클릭합니다(그림 16.29 ❷).

그림 16.29 '데이터베이스 생성' 입력 화면

RDS 대시보드의 왼쪽 메뉴에서 '데이터베이스'를 선택합니다(그림 16.30 ❶).

그림 16.30 '데이터베이스' 선택

생성이 완료되기까지 몇 분 정도 시간이 소요됩니다. 상태가 '생성 중'에서 '사용 가능'으로 바뀌면 데이터베이스 생성에 성공한 것입니다.

마스터 사용자의 암호 자동 생성을 선택한 경우, 화면의 상단에 있는 '연결 세부 정보 보기'에서 인증 정보를 얻을 수 있습니다(그림 16.30 ❷). 비밀번호는 이 화면에서만 확인할 수 있으므로 반드시 기억해 둡니다.

엔드포인트 정보는 나중에도 확인할 수 있지만, AWS App Runner를 배포할 때 사용하므로 지금 바로 저장해 둡니다(그림 16.31). 참고로 엔드포인트 정보는 '사용 가능'으로 상태가 변경되기 전까지는 표시되지 않으므로 주의합니다.

데이터베이스 mydatabase에 대한 연결 세부 정보 ✕
이 암호를 볼 수 있는 유일한 기회입니다. 참조를 위해 암호를 복사하여 저장합니다. 그렇지 않으면 데이터베이스를 수정해 암호를 변경해야 합니다. SQL 클라이언트 애플리케이션 또는 유틸리티를 사용하여 데이터베이스에 연결할 수 있습니다.
데이터베이스 연결에 대해 자세히 알아보기 🗗
마스터 사용자 이름
admin
마스터 암호
복사
엔드포인트
mydatabase.cj0smogoyzi2.ap-northeast-1.rds.amazonaws.com 복사
닫기

그림 16.31 마스터 암호 확인

05

컨테이너 이미지 업로드: ECR 이용하기

다음으로 Docker 컨테이너 이미지를 업로드합니다.

이미지 리포지토리 생성

IAM 사용자로 로그인한 상태에서 AWS 콘솔 상단에서 'registry'를 입력하고(그림 16.32 ❶), 'Elastic Container Registry'를 선택합니다(그림 16.32 ❷). 처음 사용하는 경우 '시작하기'를 클릭합니다.

Elastic Container Registry(ECR)도 RDS와 마찬가지로 AWS의 리전에 의존하므로, AWS 콘솔의 오른쪽 상단에서 '아시아 태평양(도쿄) ap-northeast-1'을 선택합니다

그림 16.32 Elastic Container Registry를 검색

ECR의 대시보드에서 '리포지토리 생성'을 클릭합니다(그림 16.33).

그림 16.33 '리포지토리 생성' 선택

'표시 여부 설정'에서는 '프라이빗'을 선택합니다.

'리포지토리 이름'에는 임의의 리포지토리 이름을 설정합니다. 'demo-app'으로 설정합니다.

다른 항목은 기본 설정으로 하여 '리포지토리 생성'을 클릭합니다(그림 16.34 ❷).

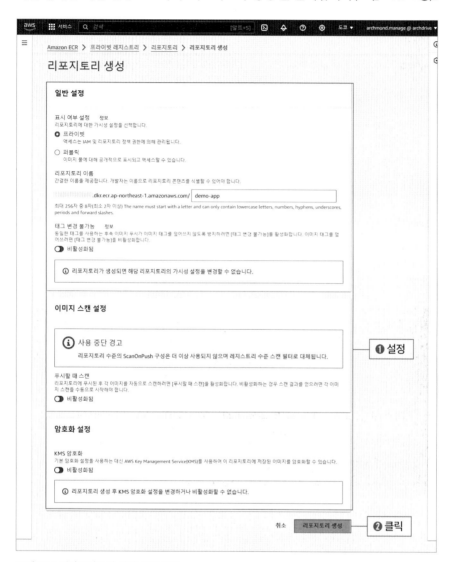

그림 16.34 '리포지토리 생성' 입력 화면

성공적으로 생성되면 ECR 대시보드의 '프라이빗 리포지토리' 리스트에 방금 전 입력한 리포지토리 이름이 표시됩니다(그림 16.35).

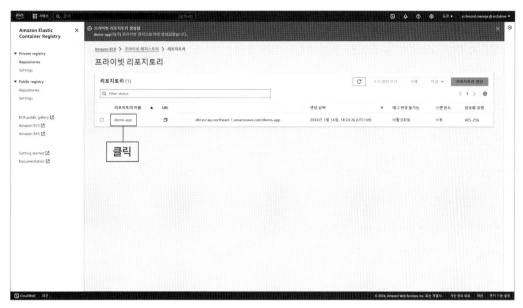

그림 16.35 생성된 리포지토리가 표시되는지 확인

AWS CLI 준비

CLI로 ECR에 Docker 이미지를 업로드합니다.

방금 생성한 ECR 리포지토리에 Docker 이미지를 업로드하기 위해 AWS CLI를 설정합니다.

아래에서 최신 버전을 설치하는 방법을 확인할 수 있습니다.

- 참고: 최신 버전의 AWS CLI 설치 또는 업데이트

   URL https://docs.aws.amazon.com/ko_kr/cli/latest/userguide/getting-started-install.html

맥OS에서 Homebrew를 사용하는 경우 Homebrew로 설치할 수 있습니다.

```
$ brew install awscli
```

AWS CLI를 이용하려면 액세스 키가 필요합니다. AWS CLI에서 접근하는 용도의 전용 IAM 사용자를 생성합니다.

IAM 사용자 생성에 앞서 ECR의 작업만 가능하도록 IAM 정책을 작성합니다.

앞에서 작성한 콘솔 접근용 IAM 사용자는 풀 액세스 권한을 가진 사용자로, 비밀번호뿐만 아니라 MFA로 보안성을 담보했습니다. 반면 CLI 접근의 경우에는 액세스 키가 유출될 경우, 모든 AWS

리소스에 접근할 수 있게 되므로 악용될 위험성이 높아집니다.

실제로 액세스 키가 유출된 뒤 악용되어 AWS에 고액의 비용이 청구되었다는 사례가 다수 보고되고 있으므로, CLI 접근용 권한을 최소한으로 하는 것이 중요합니다. 이를 위한 권한 설정을 수행하는 것이 IAM 정책입니다.

콘솔 상단의 검색창에 'iam'을 입력하여 IAM 대시보드로 이동합니다. 왼쪽 메뉴에서 '액세스 관리' → '정책'을 클릭합니다.

정책 리스트에서 '정책 생성'을 클릭하여 '권한 지정' 화면으로 이동합니다.

그림 16.36 '정책 생성' 화면

상단 탭에서 'JSON'을 선택하고(그림 16.36), 예제 16.1의 내용을 입력합니다. '시각적' 편집기에서도 JSON 내용과 동일한 액션과 리소스를 선택하여 입력할 수도 있습니다. 여기서는 ECR 관리에 필요한 액션만 허용하도록 기술하고 있습니다.

예제 16.1: json

JSON

```json
{
    "Version": "2012-10-17",
    "Statement": [
        {
            "Sid": "VisualEditor0",
            "Effect": "Allow",
```

```
        "Action": [
          "ecr:GetRegistryPolicy",
          "ecr:CreateRepository",
          "ecr:DescribeRegistry",
          "ecr:DescribePullThroughCacheRules",
          "ecr:GetAuthorizationToken",
          "ecr:PutRegistryScanningConfiguration",
          "ecr:CreatePullThroughCacheRule",
          "ecr:DeletePullThroughCacheRule",
          "ecr:PutRegistryPolicy",
          "ecr:GetRegistryScanningConfiguration",
          "ecr:BatchImportUpstreamImage",
          "ecr:DeleteRegistryPolicy",
          "ecr:PutReplicationConfiguration"
        ],
        "Resource": "*"
      },
      {
        "Sid": "VisualEditor1",
        "Effect": "Allow",
        "Action": "ecr:*",
        "Resource": "arn:aws:ecr:ap-northeast-1:{AWS계정ID}:repository/demo-app"
      }
    ]
  }
```

두 번째 "Sid": "VisualEditor1"의 오브젝트의 Resource 이름 중간에 자신의 AWS 계정 ID(12
자리 숫자, 하이픈 없음)를 입력해야 합니다. 계정 ID는 AWS 콘솔 오른쪽 상단의 풀다운에서 확
인할 수 있습니다(그림 16.37).

또한, 앞에서 생성한 리포지토리를 demo-app과 다른 이름으로 설정한 경우, 이쪽도 변경해야 합니
다. 예제 16.1에서 {AWS계정ID}:repository/demo-app의 demo-app 부분을 리포지토리 이름으로
변경하면 됩니다

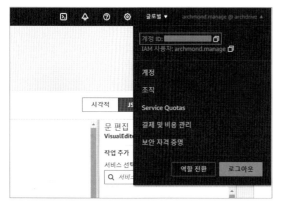

그림 16.37 계정 ID 확인

'다음'을 클릭하고, '검토 및 생성' 화면에서 정책 이름을 입력합니다. 'demoappEcrAdmin Policy'를 입력합니다(그림 16.38).

그림 16.38 정책 이름 입력

정책 생성이 완료되면, 해당 정책을 적용한 AWS CLI용 IAM 사용자를 작성합니다.

IAM 대시보드로 돌아와 왼쪽 메뉴에서 '액세스 관리' → '사용자'를 클릭합니다.

그런 다음 '사용자 생성'을 클릭합니다.

16.3의 'AWS 계정 초기 설정'의 'IAM 사용자 작성'과 동일하게 진행하되, 이번에는 웹 콘솔의 액세스가 필요하지 않으므로 'AWS Management Console에 대한 사용자 액세스 권한 제공 – 선택 사항'의 체크를 해제합니다(그림 16.39 ❶).

'사용자 이름'에 'aws-command'를 입력합니다.

'다음'을 클릭합니다(그림 16.39 ❷).

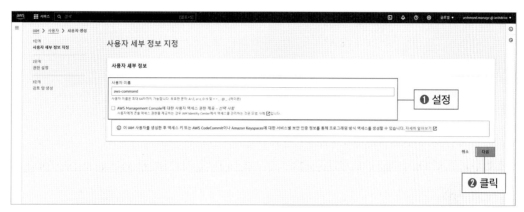

그림 16.39 '사용자 세부 정보 지정' 입력 화면

'권한 옵션' 섹션에서 '직접 정책 연결'을 클릭합니다(그림 16.40 ❶).

권한 정책 리스트에서 필터란에 'demoapp'을 입력하고, 방금 전에 작성한 'demoappEcr AdminPolicy'를 선택합니다(그림 16.40 ❷ ❸).

그림 16.40 'demoappEcrAdminPolicy'를 선택

입력한 내용이 올바르게 표시되는지 확인하고 '사용자 생성'을 클릭합니다(그림 16.41).

그림 16.41 '사용자 생성' 확인 화면

다음으로 'aws-command' 사용자의 권한으로 AWS CLI를 사용할 수 있도록 액세스 키를 작성합니다. IAM 대시보드의 '사용자' 화면으로 돌아오면 방금 전 작성한 'aws-command'의 링크를 클릭합니다.

다음 화면에서 '보안 자격 증명' 탭을 클릭하고(그림 16.42 ❶), 화면 중간의 '액세스 키' 섹션에서 '액세스 키 만들기'를 클릭합니다(그림 16.42 ❷).

그림 16.42 'aws-command' 사용자 화면에서 '액세스 키 만들기'를 클릭

'액세스 키 모범 사례 및 대안' 화면에서 'Command Line Interface(CLI)'를 선택하고(그림 16.43 ❶), '위의 권장 사항을 이해했으며 액세스 키 생성을 계속하려고 합니다.'에 체크하여(그림 16.43 ❷), '다음'을 클릭합니다(그림 16.43 ❸).

그림 16.43 '액세스 키 모범 사례 및 대안' 화면

'설명 태그 설정 - 선택 사항' 페이지의 옵션을 변경하지 않고 '액세스 키 만들기'를 클릭합니다.

생성이 완료되면 액세스 키를 얻을 수 있습니다. 액세스 키는 이 화면에서만 획득할 수 있고, 나중에 참조할 수 있으므로 반드시 여기서 획득해 둡니다(그림 16.44).

CSV 파일을 다운로드하거나, 표시된 '액세스 키', '비밀 액세스 키'의 두 정보를 따로 보관해 둡니다.

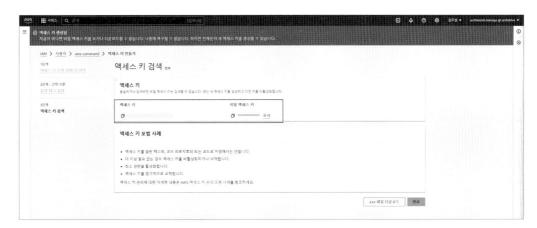

그림 16.44 '액세스 키 ID'와 '비밀 액세스 키' 확인

이 정보를 이용하여 AWS CLI를 설정합니다.

다음 명령을 실행합니다. --profile에는 방금 전 'aws-command' 사용자에 대응하는 임의의
이름을 입력합니다. ecr-profile로 설정합니다.

```
$ aws configure --profile ecr-profile
```

다음으로 액세스 키 ID 및 비밀 액세스 키, 기본 지역 등을 물어보므로 아래와 같이 그림 16.44에
서 가져온 값을 입력합니다.

```
AWS Access Key ID [None]: {방금 전 취득한 액세스 키 ID}
AWS Secret Access Key [None]: {비밀 액세스 키}
Default region name [None]: ap-northeast-1
Default output format [None]: json
```

설정이 완료되면 Docker로 AWS에 로그인을 시도합니다.

```
# profile 전환
$ export AWS_PROFILE=ecr-profile

# 윈도우에서 실행하려면 아래 명령을 입력
# set AWS_PROFILE=ecr-profile

# AWS 로그인
$ aws ecr get-login-password | docker login --username AWS --password-stdin https://
{AWS계정ID}.dkr.ecr.ap-northeast-1.amazonaws.com
```

Login Succeeded라고 표시되면 성공입니다.

Docker 이미지 빌드 및 업로드

다음으로 AWS용 Docker 이미지를 빌드하여 업로드합니다.

FastAPI 앱의 프로젝트 루트로 이동하여 다음 명령어로 Docker 이미지를 빌드합니다.

```
$ docker build -t {AWS계정ID}.dkr.ecr.ap-northeast-1.amazonaws.com/demo-app:latest
--platform linux/amd64 -f Dockerfile.cloud .
```

-t 옵션은 태그를 지정합니다. ECR의 리포지토리:태그명으로 지정합니다.

--platform 옵션은 컨테이너 이미지가 실행될 운영체제, CPU 아키텍처를 지정합니다. 앞으로 구동할 AWS App Runner에서 지원하는 플랫폼인 linux/amd64를 지정합니다. 특히 애플 실리콘 맥(M1/M2 등)을 사용한다면 --platform을 지정하지 않으면 linux/arm64가 선택되어 맥에서는 동작하지만 AWS App Runner에서 제대로 동작하지 않게 됩니다. 반대로 로컬 환경에서는 애플 실리콘용 빌드에 linux/amd64를 선택하면 다른 CPU 아키텍처이므로 머신 에뮬레이션이 실행되어 동작이 무거워집니다. 따라서 로컬에서는 지정하지 않고, 클라우드 플랫폼용으로는 명시적으로 linux/amd64를 지정해야 합니다.

-f 옵션은 15장에서 클라우드 플랫폼에서 구동하기 위해 작성한 Dockerfile.cloud를 지정합니다.

성공적으로 빌드가 완료되면 다음과 같은 내용이 표시됩니다.

```
[+] Building 2.0s (13/13) FINISHED                                    docker:default
 => [internal] load .dockerignore                                          0.0s
 => => transferring context: 2B                                            0.0s
 => [internal] load build definition from Dockerfile.cloud                 0.0s
 => => transferring dockerfile: 783B                                       0.0s
 => [internal] load metadata for docker.io/library/python:3.11-buster      3.9s
 => [1/8] FROM docker.io/library/python:3.11-buster@sha256:9d9d9afa368188d5a70bd624e1
56bcbcce48ca28868d0d52e484471906528da3                                     0.0s
 => [internal] load build context                                          0.3s
 => => transferring context: 3.36kB                                        0.3s
 => CACHED [2/8] WORKDIR /src                                              0.0s
 => CACHED [3/8] RUN pip install poetry                                     0.0s
 => [4/8] COPY pyproject.toml* poetry.lock* ./                             0.1s
 => [5/8] COPY api api                                                     0.1s
 => [6/8] COPY entrypoint.sh ./                                            0.1s
 => [7/8] RUN poetry config virtualenvs.in-project true                    1.7s
 => [8/8] RUN if [ -f pyproject.toml ]; then poetry install --no-root; fi  6.2s
 => exporting to image                                                     1.1s
 => => exporting layers                                                    1.1s
 => => writing image sha256:6c397ccef5cbcb1b6a129593c37692fc07b409bf3aa3028e2aa1c5f81
890b440                                                                    0.0s
 => => naming to XXXXXXXXXXXX.dkr.ecr.ap-northeast-1.amazonaws.com/demo-app:latest  0.0s
```

빌드된 이미지를 업로드(push)하기 전에 AWS CLI에서 ECR 리포지토리로 통신을 확인합니다.

다음 명령어를 실행합니다.

```
$ aws ecr list-images --repository-name=demo-app
```

"imageIds"에 빈 리스트가 반환되면 통신이 잘되고 있음을 알 수 있습니다.

```
{
    "imageIds": []
}
```

그러면 리포지토리에 Docker 이미지를 푸시(push)합니다.

```
$ docker push {AWS계정ID}.dkr.ecr.ap-northeast-1.amazonaws.com/demo-app:latest
```

푸시에 성공하면 마지막에 이미지 해시가 표시됩니다.

```
The push refers to repository [{AWS계정ID}.dkr.ecr.ap-northeast-1.amazonaws.com/demo-app]
50d96e1cfdd6: Pushed
dda02bde2d2c: Pushed
1d5bc292df5f: Pushed
112fb8487d86: Pushed
90d706011595: Pushed
720ef18a1ff9: Pushed
0189e484f0d2: Pushed
bfe03308d48d: Pushed
8318bb0a14db: Pushed
6210e94692bb: Pushed
a0520480c038: Pushed
36d4a190a4f6: Pushed
9cfc4aa8768a: Pushed
ada8cfae898c: Pushed
7a0f5beec8b3: Pushed
f0a87eb98d2a: Pushed
latest: digest: sha256:dd47aa5a5d95193c57d3cad1e82a39e2a43a750987febf012f946cc902e0
7d33 size: 3682
```

방금 전의 `list-images`를 다시 실행하면 동일한 이미지 해시가 표시됨을 확인합니다.

```
$ aws ecr list-images --repository-name=demo-app
```

```
{
    "imageIds": [
        {
            "imageDigest": "sha256:dd47aa5a5d95193c57d3cad1e82a39e2a43a750987febf012f946
cc902e07d33",
            "imageTag": "latest"
        }
    ]
}
```

푸시된 이미지는 AWS 콘솔에서도 확인할 수 있습니다.

ECR 대시보드에서 demo-app 리포지토리를 선택하면 그림 16.45처럼 latest 태그에 이미지가 생성된 것을 볼 수 있습니다.

그림 16.45 이미지 업로드 확인

이것으로 ECR 리포지토리에 Docker 이미지 업로드가 완료되었습니다.

06

컨테이너 실행: App Runner 설정 및 실행

업로드한 컨테이너 이미지를 이용하여 App Runner를 설정하고 실행합니다.

AWS App Runner를 설정하고 실행합니다.

AWS 콘솔 상단 검색창에 'apprunner'를 입력하고(그림 16.46 ❶), 'AWS App Runner'를 클릭합니다(그림 16.46 ❷).

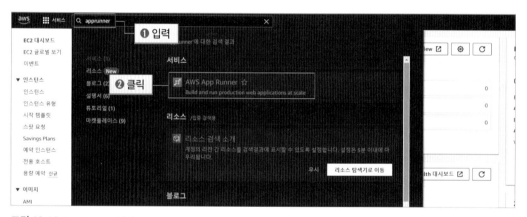

그림 16.46 App Runner 검색

'App Runner 서비스 생성'을 클릭합니다(그림 16.47).

그림 16.47 'App Runner 서비스 생성'을 클릭

소스 및 배포 화면에서 '컨테이너 이미지 URI'의 '찾아보기'를 클릭합니다(그림 16.48).

그림 16.48 '컨테이너 이미지 URI'에서 '찾아보기'를 클릭

앞에서 생성한 이미지 리포지토리인 'demo-app'과 이미지 태그 'latest'를 선택해 '계속'을 클릭합니다(그림 16.49 ❶ ❷).

그림 16.49 컨테이너 이미지 선택 화면

나머지는 다음 화면과 같이 설정하고 '다음'을 클릭합니다(그림 16.50 ❶ ❷).

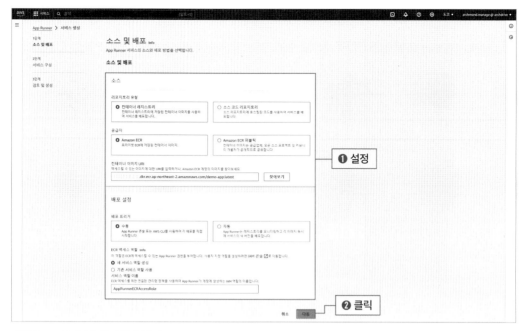

그림 16.50 '소스 및 배포' 입력 화면

다음 화면에서 아래와 같이 설정합니다. 기본값에서 변경하는 항목만 기재했습니다(그림 16.51). 설정이 완료되기 전에는 '다음'을 클릭하지 않는 것이 좋습니다.

- 서비스 이름
  - demo-app
- 환경 변수 추가
  - 환경 변수 이름: DB_USER, 환경 변수 값: admin
  - 환경 변수 이름: DB_PASSWORD, 환경 변수 값: 16.4에서 RDS 배포 시 메모해 둔 마스터 암호
  - 환경 변수 이름: DB_HOST, 환경 변수 값: 16.4에서 RDS 배포 시 메모해 둔 엔드포인트
- 포트
  - 8000
- 네트워킹
  - 사용자 지정 VPC
    - VPC 커넥터
      - 새로 추가

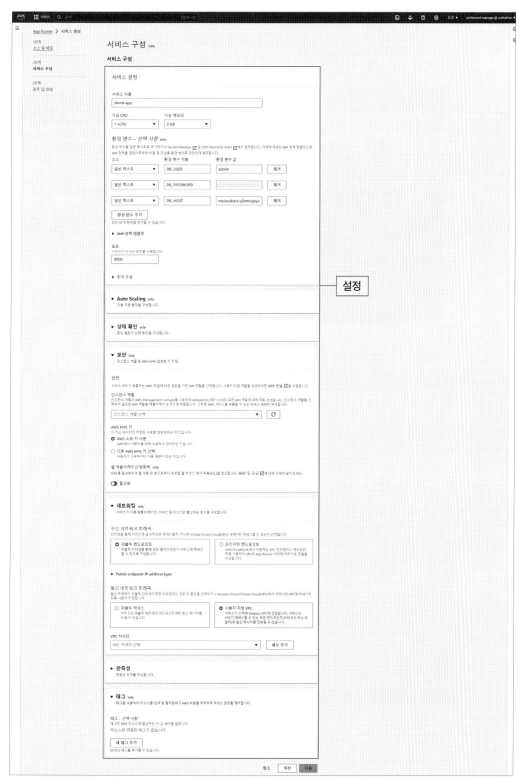

그림 16.51 '서비스 설정' 입력 화면

다음으로 VPC 커넥터를 생성하기 위해 VPC 커넥터 항목의 '새로 추가'를 클릭합니다.

VPC 커넥터는 App Runner의 FastAPI 컨테이너에서 RDS에 연결하기 위해 필요합니다(그림 16.52 ❶).

'VPC 커넥터 이름'으로 'AppRunnerDemoAppConnector'를 입력합니다.

'VPC'는 RDS가 속한 VPC를 선택합니다. 이 책의 절차에 따라 생성한 경우 기본 VPC가 됩니다.

'서브넷'에서는 선택 가능한 리전 내 가용성 영역(AZ), 즉 ap-northeast-1a/ap-northeast-1c/ap-northeast-1d에 속한 서브넷을 모두 선택합니다.

'보안 그룹'도 RDS가 속한 보안 그룹을 선택합니다. 이 책의 절차에 따라 생성한 경우 default라는 이름의 보안 그룹을 선택합니다.

마지막으로 '추가'를 클릭합니다(그림 16.52 ❷).

그림 16.52 '새 VPC 커넥터 추가' 입력 화면

추가한 VPC 커넥터가 선택된 상태인지 확인 후(그림 16.53 ❶) '다음'을 클릭합니다(그림 16.53 ❷).

그림 16.53 VPC 커넥터가 선택되어 있는지 확인

그림 16.54처럼 되어 있는지 확인하고 '생성 및 배포'를 클릭합니다(그림 16.54 ❶ ❷).

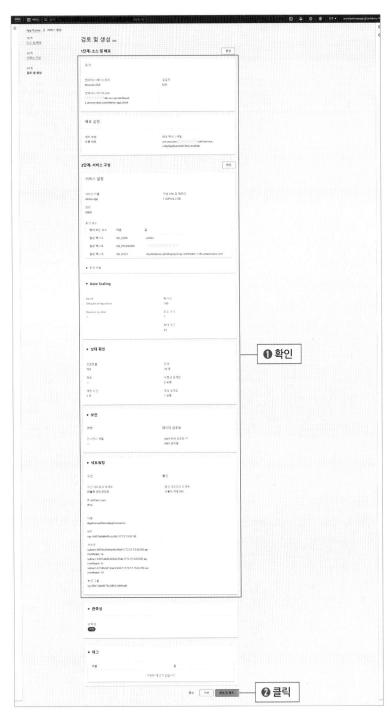

그림 16.54 '검토 및 생성' 확인 화면

서비스가 생성에는 몇 분 정도가 소요됩니다.

그림 16.55 서비스 생성 완료 확인

상태가 Running으로 표시되면 성공적으로 서비스가 생성된 것입니다(그림 16.55 ❶).

성공 또는 실패에 관계없이 배포 상황은 이벤트 로그나 배포 로그를 통해 확인할 수 있습니다.

또한 FastAPI의 로그는 애플리케이션 로그에 출력됩니다. 'Application Logs'를 열면 그림 16.56처럼 로그를 확인할 수 있습니다.

그림 16.56 App Runner의 애플리케이션 로그

배포된 FastAPI 애플리케이션은 그림 16.55 ❷의 '기본 도메인'에 기재된 URL에서 확인할 수 있습니다.

기본 도메인 URL 뒤에 /docs를 붙여 브라우저에서 접속하면 로컬에서 실행했을 때와 마찬가지로 Swagger UI를 확인할 수 있습니다(그림 16.57).

GET /tasks를 실행하여 HTTP 상태 200이 반환되면 DB와의 통신에도 문제가 없음을 확인할 수 있습니다.

그림 16.57 Swagger UI에서 동작 확인

테스트가 완료되었다면, 과금을 막기 위해 서비스를 삭제하세요. 서비스를 삭제하려면 다음과 같은 과정을 거치면 됩니다.

먼저 'App Runner' → '서비스' → 'demo-app'에서 오른쪽 '작업' → '삭제'를 클릭해서 App Runner를 삭제합니다.

'Amazon ECR' → '프라이빗 레지스트리' → 'demo-app'를 선택한 후 '삭제'를 클릭해 ECR 리포지토리를 삭제합니다.

'RDS' → '데이터베이스' → 'mydatabase'를 선택한 후 '작업' → '삭제'를 클릭해 데이터베이스를 삭제합니다.

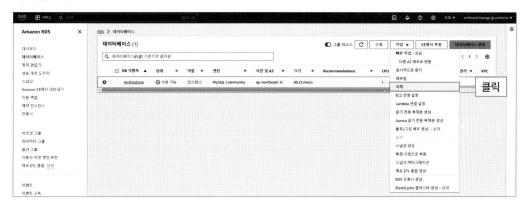

더 이상 AWS를 사용할 계획이 없다면, 계정을 삭제할 수 있습니다. 오른쪽 상단 ID를 선택한 후
[계정] 메뉴를 선택합니다. 계정 화면에서 스크롤을 내려 가장 아래로 내려가면 '계정 해지' 버튼
을 클릭하면 됩니다.

07

정리

16장에서는 다음을 설명했습니다.

- AWS에 배포의 개요
- AWS 계정 작성
- AWS 계정 초기 설정
- 데이터베이스 준비: RDS에 MySQL 서비스 작성
- 컨테이너 이미지 업로드: ECR 이용하기
- 컨테이너 실행: App Runner 설정 및 실행

MEMO

Chapter 17

클라우드 플랫폼에 배포하기: GCP 편

15장에서 준비한 컨테이너 이미지를 이용하여 GCP에 배포를 진행합니다. AWS를 이용하실 분은 앞 장을 참고하기 바랍니다.

01

GCP 배포의 개요

GCP 배포의 개요와 이 장의 구성에 대해 설명합니다.

15장 표 15.1의 AWS와 GCP 비교표에도 언급했지만, GCP에 배포할 때 주로 사용하는 서비스 (또는 제품)는 다음과 같습니다.

- Cloud Run
  - 매니지드형 컨테이너 실행 환경
- GCR(Container Registry)
  - 컨테이너 이미지를 관리할 수 있는 매니지드형 컨테이너 레지스트리
- Cloud SQL
  - 매니지드형 관계형 데이터베이스 서비스

각 서비스에 대한 자세한 내용은 이후 서비스 설정 시 순차적으로 설명합니다.

이 장에서는 다음 단계에 따라 설명합니다.

이미 GCP 계정 설정이 완료된 분은 이 장 3절의 '데이터베이스 준비: Cloud SQL에 MySQL 서비스 작성'을 진행하기 바랍니다.

- GCP 계정 작성
- 데이터베이스 준비: Cloud SQL에 MySQL 서비스 작성
- 컨테이너 이미지 업로드: GCR 이용하기
- 컨테이너 실행: Cloud Run 설정 및 실행

이 장의 GCP 콘솔 화면은 집필 시점의 정보이며, 향후 업데이트에 따라 크게 변경될 수 있음에 주의하세요.

02
GCP 계정 작성

GCP 계정 생성 방법에 대해 설명합니다.

먼저 GCP 계정을 작성합니다. 이미 계정을 갖고 있다면 이 부분을 건너뛰어도 됩니다.

다음 페이지에 접속하여 GCP 계정 생성을 시작합니다.

• 참고: 클라우드 컴퓨팅 서비스 Google Cloud

　URL https://cloud.google.com/

'무료로 시작하기'를 클릭하여 계정 생성을 진행합니다(그림 17.1).

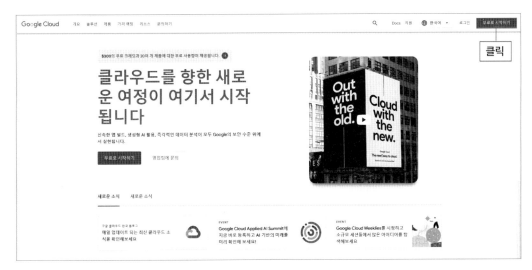

그림 17.1 '무료로 시작하기' 클릭

로그인한 구글 계정이 앞으로 GCP 계정 작성에 사용할 계정인지 확인합니다(그림 17.2 ❶).

가장 적합한 사용 용도를 선택하고 '계속'을 클릭합니다(그림 17.2 ❷~❺).

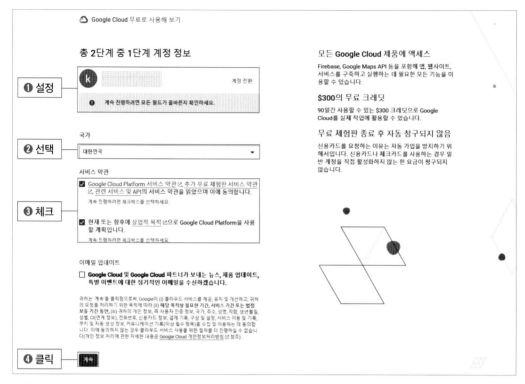

그림 17.2 이용 용도 선택

GCP의 경우 '조직'을 이용하려면 고유 도메인이 필요합니다. 개인 계정으로 작성해도 나중에 조직에 연결할 수 있으므로, 이 책에서는 '개인'으로 진행합니다.

또한 GCP 계정을 생성하려면 유효한 신용카드 정보가 필요합니다(그림 17.3 ❶). GCP의 경우 AWS와 달리 무료 크레딧이 할당되어 크레딧이 남아 있고 평가판 기간이면 이 크레딧이 소비되며, 크레딧이 전부 소진되어도 자동으로 과금되지 않습니다. 과금하려면 수동으로 유료 계정 전환 과정을 거쳐야 합니다.

'계속'을 클릭합니다(그림 17.3 ❷).

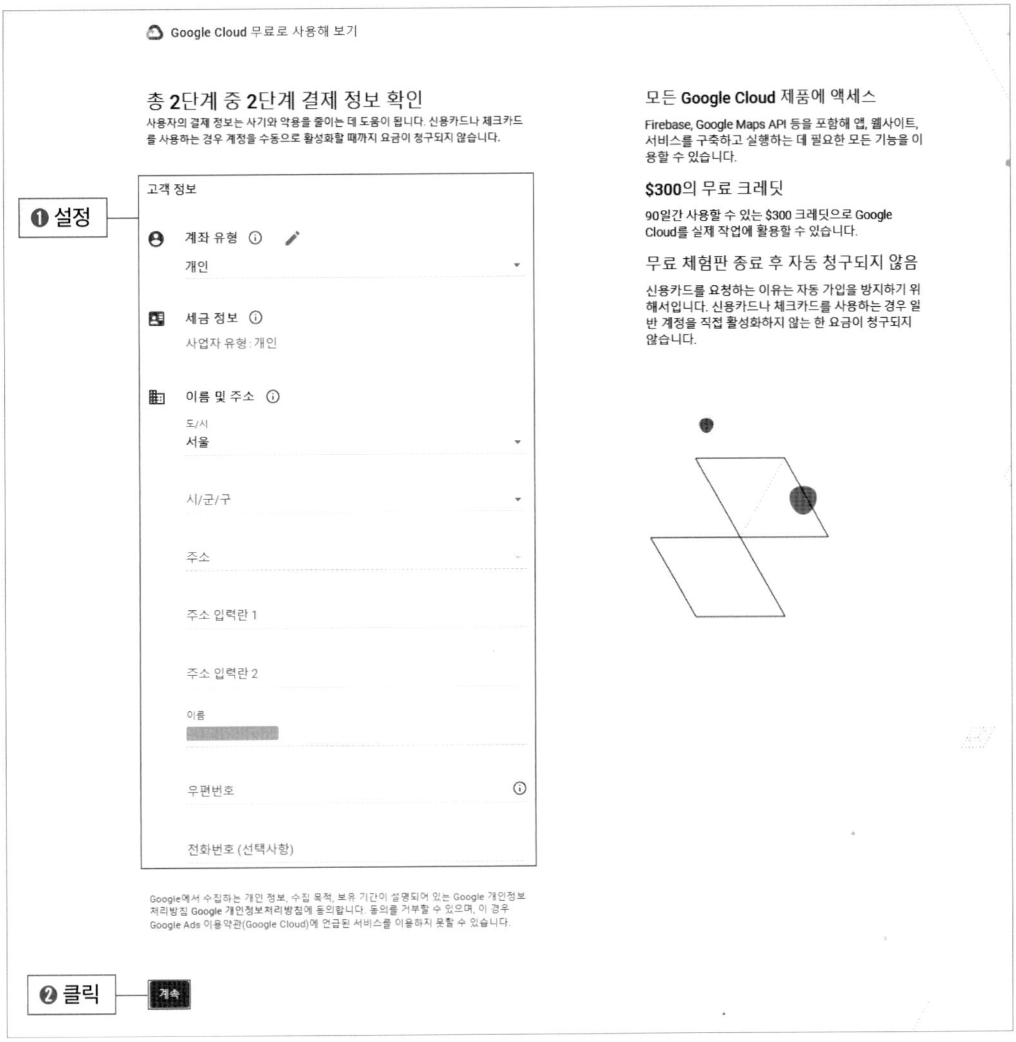

다음은 화면의 내용입니다.

☁ **Google Cloud** 무료로 사용해 보기

총 2단계 중 2단계 결제 정보 확인

사용자의 결제 정보는 사기와 악용을 줄이는 데 도움이 됩니다. 신용카드나 체크카드를 사용하는 경우 계정을 수동으로 활성화할 때까지 요금이 청구되지 않습니다.

❶ 설정

고객 정보

👤 계좌 유형 ⓘ ✏

개인

🖼 세금 정보 ⓘ

사업자 유형 : 개인

🏛 이름 및 주소 ⓘ

도/시
서울

시/군/구

주소

주소 입력란 1

주소 입력란 2

이름

우편번호 ⓘ

전화번호 (선택사항)

Google에서 수집하는 개인 정보, 수집 목적, 보유 기간이 설명되어 있는 Google 개인정보 처리방침 Google 개인정보처리방침에 동의합니다. 동의를 거부할 수 있으며, 이 경우 Google Ads 이용약관(Google Cloud)에 언급된 서비스를 이용하지 못할 수 있습니다.

❷ 클릭 [계속]

모든 Google Cloud 제품에 액세스

Firebase, Google Maps API 등을 포함해 앱, 웹사이트, 서비스를 구축하고 실행하는 데 필요한 모든 기능을 이용할 수 있습니다.

$300의 무료 크레딧

90일간 사용할 수 있는 $300 크레딧으로 Google Cloud를 실제 작업에 활용할 수 있습니다.

무료 체험판 종료 후 자동 청구되지 않음

신용카드를 요청하는 이유는 자동 가입을 방지하기 위해서입니다. 신용카드나 체크카드를 사용하는 경우 일반 계정을 직접 활성화하지 않는 한 요금이 청구되지 않습니다.

그림 17.3 결제 정보 입력 화면

03

데이터베이스 준비:
Cloud SQL에 MySQL 서비스 작성

> 계정 설정이 완료되면 Cloud SQL을 사용하여 데이터베이스를 생성해 봅니다.

Cloud SQL에 MySQL 데이터베이스를 생성합니다.

GCP 콘솔 상단의 검색창에 'cloud sql'을 입력하고(그림 17.4 ❶), 메뉴에서 '제품 및 페이지'의 'SQL'을 클릭합니다(그림 17.4 ❷).

그림 17.4 'SQL' 클릭

'무료 크레딧으로 인스턴스 만들기'를 클릭합니다(그림 17.5).

그림 17.5 '무료 크레딧으로 인스턴스 만들기' 클릭

'데이터베이스 엔진 선택'에서 'MySQL'을 선택합니다(그림 17.6).

그림 17.6 'MySQL' 선택

처음 데이터베이스를 생성하는 경우 'Compute Engine API'를 사용 설정하라는 메시지가 표시됩니다. 'API 사용 설정'을 클릭합니다(그림 17.7).

API 활성화에는 몇 분 정도 걸리므로 완료될 때까지 기다립니다.

그림 17.7 'API 사용 설정' 클릭

GCP와 Cloud APIs

GCP를 이용하는 경우 프로젝트별로, 제품에 따라서는 처음 사용할 때 API를 활성화해야 하는 경우가 있습니다.

각 제품을 이용하기 위해서는 Cloud APIs를 프로그램, CLI 또는 웹 콘솔을 통해 내부적으로 이용하기 위한 API의 활성화 작업이 필요합니다. GCP는 여러 API를 묶어 놓은 플랫폼이라고 생각하면 이해하기 쉬울 것입니다. API마다 이용 약관이 설정되어 있거나 요금이 책정되어 있을 수 있으므로 확인이 필요합니다.

MySQL 인스턴스 정보를 입력합니다(그림 17.8 ❶ ❷).

아래와 같이 입력합니다.

- 인스턴스 ID(그림 17.8 ❶)
  - demo-db
- 비밀번호(그림 17.8 ❷)
  - 입력란 오른쪽의 '생성'을 클릭
- 사전 설정 선택(그림 17.8 ❸)
  - 개발
- 리전 선택(그림 17.8 ❹)
  - asia-northeast3(서울)
- 영역 가용성(그림 17.8 ❺)
  - 단일 영역(프로덕션 환경에서 사용할 경우 '여러 영역'을 선택합니다)
- 인스턴스 맞춤 설정
  - 연결(그림 17.8 ❻)
    - 인스턴스 IP 할당
      - '비공개 IP'에 체크
        - 네트워크
          -default
    - '공개'의 체크를 해제

또한 이 화면에서 생성한 루트 사용자의 비밀번호를 기억해 둡니다(그림 17.8 ❷). 비밀번호는 나중에 조회할 수 없으므로, 잊어버린 경우 비밀번호를 재설정해야 합니다.

처음에는 접혀 있는 '연결' 항목을 잊지 마세요(그림 17.8 ❻).

또한 네트워크 항목에 '비공개 서비스 액세스 연결 필요'가 표시되면 '연결 설정'을 클릭합니다(그림 17.8 ❼).

연결 설정을 마무리하기 전에는 '인스턴스 만들기'를 클릭하지 않습니다.

그림 17.8 MySQL 인스턴스 작성 화면

맨 처음에는 'Service Networking API 사용 설정'을 요구합니다. 'API 사용 설정'을 클릭합니다(그림 17.9).

그림 17.9 'API 활성화' 클릭

'IP 범위 할당'에서 '자동으로 할당된 IP 범위 사용'을 선택하고 '계속'을 클릭합니다(그림 17.10 ❶ ❷).

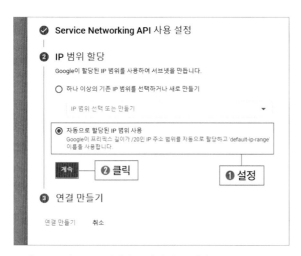

그림 17.10 '자동으로 할당된 IP 범위 사용' 선택

'연결 만들기'를 클릭합니다(그림 17.11).

그림 17.11 '연결 만들기' 클릭

'MySQL 인스턴스 만들기' 페이지로 돌아오면 입력 내용을 다시 확인하고 '인스턴스 만들기'를 클릭합니다(그림 17.8 **❽**).

인스턴스 작성에는 몇 분 정도 걸립니다. Cloud SQL 대시보드에서 이번에 생성한 'demo-db' 옆에 체크 표시가 있으면 무사히 DB 작성이 완료된 것입니다(그림 17.12).

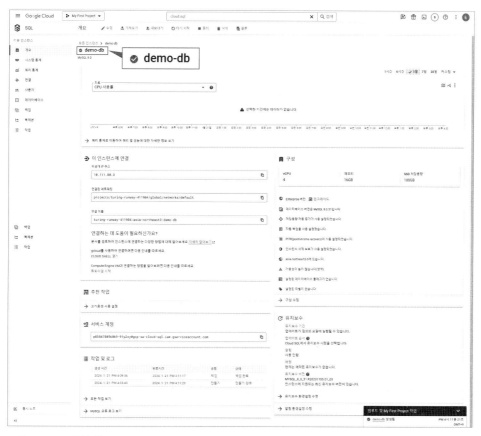

그림 17.12 DB 작성 완료

04

컨테이너 이미지 업로드: GCR 이용하기

> 다음으로 Docker 컨테이너 이미지를 업로드합니다.

gcloud CLI 준비

GCR^{Google Container Registry}에 Docker 이미지를 업로드하는 작업은 CLI로 실시합니다.

먼저 gcloud CLI를 설정합니다.

아래에서 최신 설치 방법을 확인할 수 있습니다.

- 참고: gcloud CLI 설치

   URL https://cloud.google.com/sdk/docs/install?hl=ko

맥에서 Homebrew를 사용하는 경우 Homebrew로 설치할 수 있습니다.

```
$ brew install google-cloud-sdk
```

Homebrew로 설치한 경우, 셸에서 명령어를 사용할 수 있도록, brew install 실행 후 표시되는 바와 같이 다음 명령어를 실행합니다.

```
$ echo "\nsource {google-cloud-sdk설치경로}/latest/google-cloud-sdk/completion.zsh.
inc" >> ~/.zshrc
$ echo "source {google-cloud-sdk설치경로}/latest/google-cloud-sdk/path.zsh.inc" >>
~/.zshrc
$ source ~/.zshrc
```

윈도우 사용자의 경우 다음 안내 페이지를 참고하여 설치할 수 있습니다.

- 참고: gcloud CLI 설치

   URL https://cloud.google.com/sdk/docs/install?hl=ko#windows

gcloud CLI 설치가 완료되면 CLI로 GCP에 로그인합니다.

윈도우의 경우, 설치 프로그램을 완료하면 자동으로 로그인 여부를 물어봅니다. Y를 입력해 로그인을 진행합니다.

```
C:\Windows\SYSTEM32\cm    X    +    v
Welcome to the Google Cloud CLI! Run "gcloud -h" to get the list of available commands.
---
Welcome! This command will take you through the configuration of gcloud.

Your current configuration has been set to: [default]

You can skip diagnostics next time by using the following flag:
  gcloud init --skip-diagnostics

Network diagnostic detects and fixes local network connection issues.
Checking network connection...done.
Reachability Check passed.
Network diagnostic passed (1/1 checks passed).

You must log in to continue. Would you like to log in (Y/n)?  Y
```

그리고 이어서 나타나는 질문에 프로젝트를 알맞게 선택하면 됩니다.

```
You are logged in as: [               @gmail.com].

Pick cloud project to use:
 [1] turing-
 [2] Enter a project ID
 [3] Create a new project
Please enter numeric choice or text value (must exactly match list item):
```

콘솔에서 다음 명령을 실행합니다.

```
$ gcloud auth login
```

다음과 같은 메시지와 함께 브라우저가 열립니다.

```
Your browser has been opened to visit:


https://accounts.google.com/o/oauth2/auth?response_type=code&client_id={client_
id}.apps.googleusercontent.com&redirect_uri=http%3A2F%2Flocalhost%3A8085%2F&scope=
openid+https%3A%2F%2Fwww.googleapis.com%2Fauth%2Fuserinfo.email+https%3A%2F%2Fwww.
googleapis.com%2Fauth%2Fcloud-platform+https%3A%2F%2Fwww.googleapis.
com%2Fauth%2Fappengine.admin+https%3A%2F%2Fwww.googleapis.com%2Fauth%2Fsqlservice.
login+https%3A%2F%2Fwww.googleapis.com%2Fauth%2Fcompute+https%3A%2F%2Fwww.
```

```
googleapis.com%2Fauth%2Faccounts.reauth&state=o0GAkV9upSPh8tktWUleF1ThyW3Z59&acce
ss_type=offline&code_challenge=IIHezFB_inKz6WvVScbSQ_uv0VIGjJjsOyyasGyUgEk&code_
challenge _method=S256
```

구글 계정 로그인을 요구하므로 계정을 선택하고 '허용'을 선택한 후 콘솔에 아래와 같이 표시되면 완료입니다.

```
You are now logged in as [{email주소}].
Your current project is [None]. You can change this setting by running:
  $ gcloud config set project PROJECT_ID
```

다음으로 CLI에 프로젝트를 설정합니다.

GCP 홈페이지(GCP 콘솔 왼쪽 상단의 'Google Cloud' 로고를 클릭하면 이동 가능)의 중앙에 표시되는 '프로젝트 ID'를 복사합니다(그림 17.13).

그림 17.13 '프로젝트 ID' 복사

복사한 프로젝트 ID를 붙여 넣어 다음 명령어를 실행합니다.

```
$ gcloud config set project {GCP프로젝트ID}
```

다음 메시지가 나타나면 성공입니다.

```
Updated property [core/project].
```

다음으로 gcloud CLI에서 docker 명령어를 설정합니다. 다음 명령어를 실행합니다.

```
$ gcloud auth configure-docker
```

아래와 같은 확인 메시지가 나오면 Y를 입력하여 완료합니다.

```
Adding credentials for all GCR repositories.
WARNING: A long list of credential helpers may cause delays running 'docker build'. We
recommend passing the registry name to configure only the registry you are using.
After update, the following will be written to your Docker config file located at [/
Users/{사용자명}/.docker/config.json]:
{
  "credHelpers": {
    "gcr.io": "gcloud",
    "us.gcr.io": "gcloud",
    "eu.gcr.io": "gcloud",
    "asia.gcr.io": "gcloud",
    "staging-k8s.gcr.io": "gcloud",
    "marketplace.gcr.io": "gcloud"
  }
}

Do you want to continue (Y/n)?
```

Docker 이미지 빌드 및 업로드

다음으로 GCP용 Docker 이미지를 빌드하여 업로드합니다.

FastAPI 앱의 프로젝트 루트로 이동해 다음 명령어로 Docker 이미지를 빌드합니다.

```
$ docker build -t gcr.io/{GCP프로젝트ID}/demo-app:latest --platform linux/amd64 -f
Dockerfile.cloud .
```

-t 옵션은 태그를 지정합니다. GCR의 **리포지토리:태그명**으로 지정합니다.

--platform 옵션은 컨테이너 이미지가 실행될 운영체제, CPU 아키텍처를 지정합니다. 앞으로 구동할 Cloud Run에서 지원하는 플랫폼인 linux/amd64를 지정합니다. 특히 애플 실리콘 맥(M1/M2 등)을 사용한다면 --platform을 지정하지 않으면 linux/arm64가 선택되어 맥에서는 동작하지만 Cloud Run에서 제대로 동작하지 않게 됩니다. 반대로 로컬 환경에서는 애플 실리콘용 빌드에 linux/amd64를 선택하면 다른 CPU 아키텍처이므로 머신 에뮬레이션이 실행되어 동작이 무거워집니다. 따라서 로컬에서는 지정하지 않고, 클라우드 플랫폼용으로는 명시적으로 linux/amd64를 지정해야 합니다.

-f 옵션은 15장에서 클라우드 플랫폼에서 구동하기 위해 만든 Dockerfile.cloud를 지정합니다.

빌드 시 다음과 같은 오류가 나타나면 Rancher Desktop을 통해 도커가 제대로 실행 중인지 확인하세요.

```
ERROR: error during connect: this error may indicate that the docker daemon is not
running: Get http://%2F%2F.%2Fpipe%2Fdocker_engine/_ping: open //./pipe/docker_
engine: The system cannot find the file specified.
```

성공적으로 빌드가 완료되면 다음과 같은 내용이 표시됩니다.

```
[+] Building 4.3s (13/13) FINISHED                                      docker:default
 => [internal] load build definition from Dockerfile.cloud                      0.0s
 => => transferring dockerfile: 43B                                             0.0s
 => [internal] load .dockerignore                                              0.0s
 => => transferring context: 2B                                                0.0s
 => [internal] load metadata for docker.io/library/python:3.11-buster          0.8s
 => [1/8] FROM docker.io/library/python:3.11-buster@sha256:3a19b4d6ce4402d11bb19aa114
16e4a262a60a57707a5cda5787a8                                                   0.0s
 => [internal] load build context                                             0.2s
 => => transferring context: 3.36kB                                            0.1s
 => CACHED [2/8] WORKDIR /src                                                  0.0s
 => CACHED [3/8] RUN pip install poetry                                        0.0s
 => CACHED [4/8] COPY pyproject.toml* poetry.lock* ./                          0.0s
 => CACHED [5/8] COPY api api                                                  0.0s
 => CACHED [6/8] COPY entrypoint.sh ./                                         0.0s
 => CACHED [7/8] RUN poetry config virtualenvs.in-project true                 0.0s
```

```
=> CACHED [8/8] RUN if [ -f pyproject.toml ]; then poetry install --no-root; fi    0.0s
=> exporting to image                                                              0.0s
=> => exporting layers                                                             0.0s
=> => writing image sha256:6c397ccef5cbcb1b6a129593c37692fc07b409bf3aa3028e2aa1c5f81
890b440                                                                            0.0s
=> => naming to gcr.io/{GCP프로젝트ID}/demo-app:latest                               0.0s
```

리포지토리에 Docker 이미지를 푸시합니다.

```
$ docker push gcr.io/{GCP 프로젝트 ID}/demo-app:latest
```

푸시에 성공하면 마지막에 이미지의 해시가 표시됩니다.

```
The push refers to repository [gcr.io/{GCP프로젝트ID}/demo-app]
50d96e1cfdd6: Pushed
dda02bde2d2c: Pushed
1d5bc292df5f: Pushed
112fb8487d86: Pushed
90d706011595: Layer already exists
720ef18a1ff9: Layer already exists
0189e484f0d2: Layer already exists
bfe03308d48d: Layer already exists
8318bb0a14db: Layer already exists
6210e94692bb: Layer already exists
a0520480c038: Layer already exists
36d4a190a4f6: Layer already exists
9cfc4aa8768a: Layer already exists
ada8cfae898c: Layer already exists
7a0f5beec8b3: Layer already exists
f0a87eb98d2a: Layer already exists
latest: digest: sha256:825dd7dcbbc669fea70194174964c8dd787070e8db2a96fb20705d68e6
0d7943 size: 3682
```

푸시 결과 unknown: Service 'containerregistry.googleapis.com' is not enabled for consumer라는 오류가 나타날 경우 gcloud services enable containerregistry.googleapis.com 명령을 실행하여 Container Registry API를 활성화한 후 다시 푸시를 실행합니다.

다음 명령어로 이미지가 제대로 푸시되었는지 확인합니다.

```
$ gcloud container images list
```

```
NAME
gcr.io/{GCP프로젝트ID}/demo-app
Only listing images in gcr.io/{GCP프로젝트ID}. Use --repository to list images in other
repositories.
```

푸시된 이미지는 GCP 콘솔에서도 확인할 수 있습니다.

GCR 대시보드에서 demo-app의 리포지토리를 선택하면, 다음 조작으로 latest 태그가 붙은 이미지가 생성된 것을 확인할 수 있습니다.

GCP 콘솔 상단의 검색창에 'registry'를 입력하고(그림 17.14 ❶), '제품 및 페이지'에서 'Container Registry'를 클릭합니다(그림 17.14 ❷).

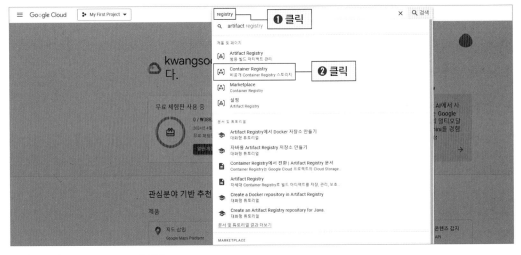

그림 17.14 'Container Registry' 클릭

'demo-app'을 클릭합니다(그림 17.15).

그림 17.15 'demo-app' 클릭

방금 전 푸시한 이미지의 해시값이 표시되는 것을 확인할 수 있습니다(그림 17.16).

그림 17.16 이미지의 해시값 확인

이것으로 GCR 리포지토리에 Docker 이미지 업로드가 완료되었습니다.

05

컨테이너 구동: Cloud Run 설정 및 실행

업로드한 컨테이너 이미지를 이용하여 Cloud Run을 설정하고 실행합니다.

Cloud Run을 설정하고 실행합니다.

서버리스 VPC 커넥터 생성

Cloud SQL에 작성한 데이터베이스는 VPC 내에 존재하므로 Cloud Run에서는 서버리스 VPC 커넥터를 이용하여 데이터베이스를 작성합니다. Cloud Run을 설정하기 전에 서버리스 VPC 커넥터를 작성해 둡니다.

GCP 콘솔 상단의 검색창에서 'serverless vpc'를 입력하고(그림 17.17 ❶), '제품 및 페이지'에서 'Serverless VPC access'를 클릭합니다(그림 17.17 ❷).

그림 17.17 'Serverless VPC access' 클릭

처음에는 API 액세스가 비활성화되어 있으므로 오류 화면이 표시됩니다. '계속'을 클릭합니다(그림 17.18).

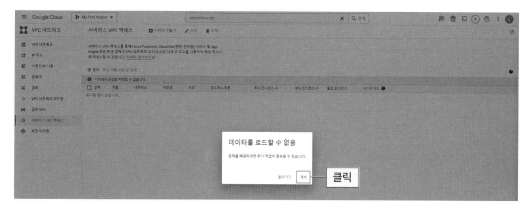

그림 17.18 '계속' 클릭

그림 17.19 화면에서 '사용'을 클릭합니다.

그림 17.19 '사용' 클릭

'서버리스 VPC 액세스' 대시보드에서 '커넥터 만들기'를 클릭합니다(그림 17.20).

그림 17.20: '커넥터 만들기' 클릭

'커넥터 생성' 화면에서 아래와 같이 입력합니다(그림 17.21 ❶).

- 이름
  - demo-db-connector
- 리전
  - asia-northeast3
- 네트워크
  - default
- 서브넷
  - 맞춤 IP 범위
  - IP 범위

    10.8.0.0 /28

    이미 이 IP 범위를 사용하고 있는 경우,

    /28CIDR 범위의 임의의 IP 범위

그림 17.21 커넥터 생성 화면

마지막으로 '만들기'를 클릭합니다(그림 17.21 ❷). 커넥터를 생성할 때 리전 상황에 따라 오류가 발생할 수 있습니다. '확장 설정 표시'를 통해 인스턴스 유형과 인스턴스 수를 조절하여 커넥터를 다시 생성해 보세요.

성공적으로 생성되면 대시보드의 'demo-db-connector' 왼쪽에 녹색 체크 마크가 나타납니다 (그림 17.22).

그림 17.22 커넥터 생성 확인

Cloud Run 설정 및 실행

Cloud Run을 설정하고 실행합니다. GCP 콘솔 상단의 검색창에서 'cloud run'을 입력하고(그림 17.23 ❶), '제품 및 페이지'에서 'Cloud Run'을 클릭합니다(그림 17.23 ❷).

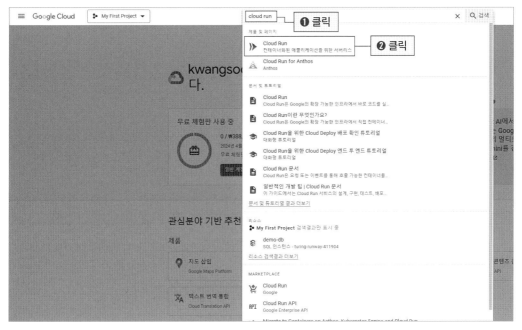

그림 17.23 'Cloud Run'을 클릭

'서비스 만들기'를 클릭합니다(그림 17.24).

그림 17.24 '서비스 만들기'를 클릭

'기존 컨테이너 이미지에서 버전 1개 배포'에서 '컨테이너 이미지 URL' 옆의 '선택'을 클릭합니다 (그림 17.25).

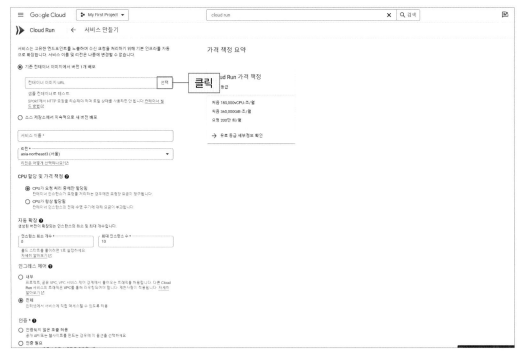

그림 17.25 '컨테이너 이미지 URL' 옆의 '선택'을 클릭합니다.

'CONTAINER REGISTRY' 탭을 선택하고(그림 17.26 ❶), 방금 업로드한 demo-app의 해시 값에 해당하는 컨테이너 이미지를 클릭하고 '선택'을 클릭합니다(그림 17.26 ❷).

그림 17.26 컨테이너 이미지 선택 화면

'서비스 만들기' 화면에 다음 정보를 입력합니다(그림 17.27 **❶**).

- 서비스 이름
  - demo-app
- 리전
  - asia-northeast3(서울)
- 인증
  - '인증되지 않은 호출 허용'에 체크
- 컨테이너
  - 컨테이너 포트
    - 8000
  - 환경 변수
    - DB_USER: root
    - DB_PASSWORD: (Cloud SQL에서 데이터베이스 작성 시 설정한 비밀번호)
    - DB_HOST: (Cloud SQL의 데이터베이스의 비공개 IP 주소)

여기서 DB_HOST에는 Cloud SQL에서 표시되는 비공개 IP 주소를 입력합니다. Cloud SQL 대시보드로 이동하여 demo-db 인스턴스를 열었을 때 '이 인스턴스에 연결' 항목에 표시됩니다(그림 17.28).

설정 항목이 남아 있으므로 이 시점에는 '만들기'를 클릭하지 않습니다.

설정

그림 17.27 서비스 생성 화면

그림 17.28 Cloud SQL 대시보드에서 비공개 IP 주소 확인

다음으로 '컨테이너, 볼륨, 네트워킹, 보안' 섹션의 탭을 '네트워킹'으로 전환합니다(그림 17.29 ❶).

'아웃바운드 트래픽을 위해 VPN에 연결'을 체크한 뒤, 네트워크 항목으로 앞서 생성한 서버리스 VPC 커넥터인 default(이 프로젝트 내): 서버리스 VPC 액세스 커넥터 'demo-db-connector'를 선택합니다(그림 17.29 ❷).

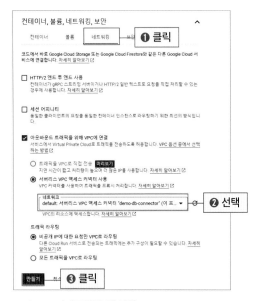

그림 17.29 '네트워킹' 탭 전환

이것으로 설정이 완료되었습니다. '만들기'를 클릭합니다(그림 17.29 ❸).

서비스 생성에는 몇 분 정도 소요됩니다.

서비스가 성공적으로 작성되면 Cloud Run 대시보드의 'demo-app' 서비스 옆에 녹색 체크 마크가 나타납니다(그림 17.30 ❶).

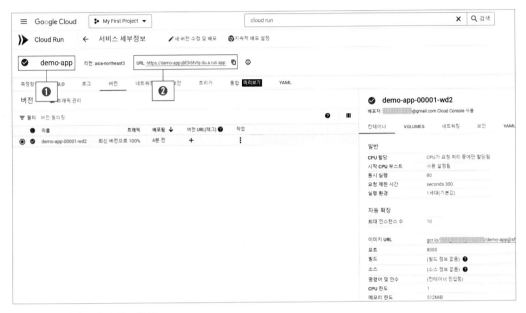

그림 17.30 서비스 생성 완료 확인

성공 또는 실패에 관계없이 배포 상황은 이벤트 로그나 배포 로그를 통해 확인할 수 있습니다.

또한 FastAPI의 로그는 '로그' 탭에서 확인할 수 있습니다(그림 17.31).

그림 17.31 로그 확인 화면

배포된 FastAPI 애플리케이션은 demo-app 대시보드 상단에 표시된 URL에서 확인할 수 있습니다(그림 17.30 **❷**).

기본 도메인 URL 뒤에 /docs를 붙여 브라우저에서 접속하면 로컬에서 실행했을 때와 마찬가지로 Swagger UI를 확인할 수 있습니다.

GET /tasks를 실행하여 HTTP 상태 200이 반환되면 DB와의 통신에도 문제가 없음을 확인할 수 있습니다(그림 17.32).

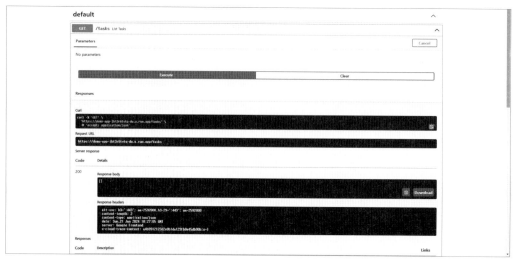

그림 17.32 Swagger UI에서 동작 확인

테스트가 완료되었다면, 과금을 막기 위해 서비스를 삭제하세요. 먼저 '소스 관리' → '프로젝트'를 선택하고 '삭제'를 클릭하여 기존에 생성한 프로젝트를 삭제합니다.

더 이상 구글 클라우드를 사용할 계획이 없다면, '계정 관리' → '결제 계정 폐쇄'를 통해 결제 정보가 등록된 계정을 닫을 수 있습니다.

06 ──────────────────

정리

17장에서는 다음을 설명했습니다.

- GCP 배포의 개요
- GCP 계정 작성
- 데이터베이스 준비: Cloud SQL에 MySQL 서비스 작성
- 컨테이너 이미지 업로드: GCR 이용하기
- 컨테이너 실행: Cloud Run 설정 및 실행

파이썬 FastAPI 개발 입문

초판 1쇄 인쇄 2024년 03월 10일
초판 1쇄 발행 2024년 03월 15일

저자 : 나카무라 쇼
번역 : 박광수
본문 일러스트: 오피스 시바찬

펴낸이 : 이동섭
편집 : 강민철, 송정환
본문 디자인 : 강민철
표지 디자인 : 김연정
영업·마케팅 : 송정환, 조정훈, 김려홍
e-BOOK : 홍인표, 최정수, 서찬웅, 김은혜, 정희철
관리 : 이윤미

㈜에이케이커뮤니케이션즈
등록 1996년 7월 9일(제302-1996-00026호)
주소 : 08513 서울특별시 금천구 디지털로 178, 1805호
TEL : 02-702-7963~5 FAX : 0303-3440-2024
http://www.amusementkorea.co.kr

ISBN 979-11-274-7313-6 13000

Python FastAPI 開発入門
(Python FastAPI Kaihatsu Nyumon: 7722-9)
©2023 Sho Nakamura
Original Japanese edition published by SHOEISHA Co.,Ltd.
Korean translation rights arranged with SHOEISHA Co.,Ltd. through Digital Catapult inc.
Korean translation copyright ©2024 by A.K Communications Inc.